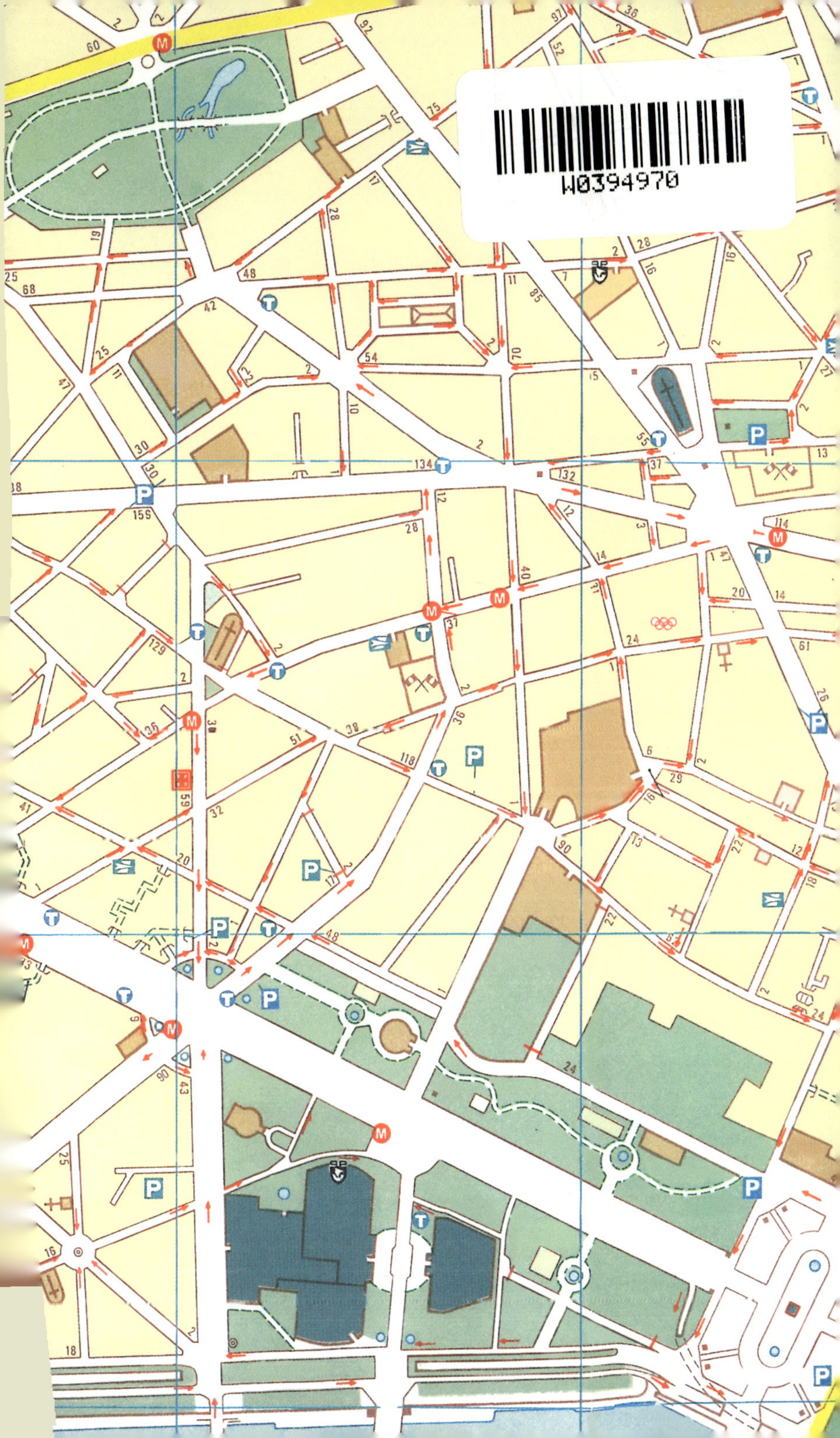

marbachermagazin 122

# I Wouldn't Start from Here
## Verzettelte Geschichten

*Von* HANNS ZISCHLER
*Mit Notizen einer Verirrung*
*von* PETER GEIMER

Deutsche Schillergesellschaft
Marbach am Neckar

*Gehen bedeutet, den Ort zu verfehlen.*
MICHEL DE CERTEAU



# Das Bistro Savoy existiert nicht mehr

## Notizen einer Verirrung

von Peter Geimer

Im kaiserlichen Rom«, berichtet der Stadtplaner Kevin Lynch, »gab man als Adresse einen kleinen, begrenzten Bereich an. Wahrscheinlich kam man nach Erreichung dieses Gebietes durch persönliche Auskünfte der Bewohner zum Ziel.« [Kevin Lynch, *Das Bild der Stadt*, Basel/Boston/Berlin 2001, S. 150.] Wahrscheinlich? Vielleicht also auch nicht. Vielleicht verirrte man sich und ging in dem »kleinen, begrenzten Bereich« verloren. Was sich in dieser unbezeichneten Zone ereignet hat, ist nicht überliefert. In den Karten des kaiserlichen Rom bleibt eine Lücke.

»Sicher, die Prozesse des Gehens können auf Stadtplänen eingetragen werden, indem man die (hier sehr dichten und dort sehr schwachen) Spuren und die Wegbahnen (die hier und nicht dort durchgehen) überträgt. Aber diese dicken oder dünnen Linien verweisen wie Wörter lediglich auf die Abwesenheit dessen, was geschehen ist. Bei der Aufzeichnung von Fußwegen geht genau das verloren, was gewesen ist: der eigentliche Akt des Vorübergehens. Der Vorgang des Gehens, des Herumirrens oder des ›Schaufenster-

**links** An Orten wie diesem kann man sie finden.

bummels‹, anders gesagt, die Aktivität von Passanten wird in Punkte übertragen, die auf der Karte eine zusammenfassende und reversible Linie bilden. Es wird also nur noch ein Überrest wahrnehmbar, der in die Zeitlosigkeit einer Projektionsfläche versetzt wird.« [Michel de Certeau, *Kunst des Handelns*, Berlin 1988, S. 188 f.]



Die Gehenden und Verirrten gehen aber doch nicht ganz verloren. Das Gedächtnis der Literatur kennt zahllose Gestrandete, Irrgänger, Helden der Desorientierung. In den Grimm'schen Märchen verirrt man sich unentwegt im Wald. Als Anton Reiser, in Karl Philipp Moritz' gleichnamigem autobiografischem Roman, sich in der Morgendämmerung eine halbe Meile vor dem Ziel glaubt, steht er plötzlich dicht vor einer unerklärlichen Kirchhofsmauer. Hier müsste eigentlich die Ebene vor Hannover sein. »Er nahm alle sein Nachdenken zusammen, und suchte sich zu *orientieren*, aber es war vergeblich – er konnte die lange Kirchhofsmauer aus dem Zusammenhange der übrigen Gegenstände nicht erklären; [...] er rieb sich die Augen – aber die lange Kirchhofsmauer blieb immer da.« Reiser findet schließlich den Weg in die Stadt, doch »die *Ortsideen*« schwanken an diesem Tag noch lange »in seinem Kopfe hin und her«. [Karl Philipp Moritz, *Werke*, Bd. 1, hrsg. von Heide Hollmer und Albert Meier, Frankfurt a. M. 1999, S. 407.] In Stifters *Bergkristall* sind es nicht Dunkelheit und dichter Regen, die in die Irre führen, sondern der stetig fallende Schnee. Die Kinder verfehlen die Abzweigung, die in das sichere Tal geführt hätte, und geraten in die weiße Finsternis des Berges. Der Wegweiser ist umgestürzt, und von einer dichten Schicht aus Schnee bedeckt. »Auf der Erde sahen sie nur einen runden Fleck Weiß und dann nichts mehr. [Adalbert Stifter, *Gesammelte Werke in sechs Bänden*, Bd. 3, hrsg. von Max Stefl, Wiesbaden 1959, S. 212.]

Im Jahrhundert darauf verirrt man sich eher in künstlichen Räumen. Auf dem großen Schiff, das ihn nach Amerika gebracht hat, sucht sich Kafkas Karl Rossmann »seinen Weg durch eine Unzahl kleiner Räume, fortwährend abbiegende Korridore, kurze Treppen, die einander aber immer wieder folgten, ein leeres Zimmer mit einem verlassenen Schreibtisch«, bis er sich tatsächlich »ganz und gar verirrt hatte« [Franz Kafka, *Der Verschollene*, hrsg. von Jost Schillemeit, Frankfurt a. M. 1983, S. 8]. Vor allem aber die Stadt wird zum Schauplatz der Desorientierung. »Gibs auf, gibs auf«, antwortet der um Rat gefragte Schutzmann dem Verirrten Kafkas »und wandte sich mit einem großen Schwunge ab, so wie Leute, die mit Ihrem Lachen allein sein wollen.« [Franz Kafka, *Beschreibung eines Kampfes*, hrsg. von Max Brod, Frankfurt a. M. 1946, S. 115.] Das Netzwerk der Stadt bringt aber auch neue Formen der Orientierung hervor. Unterwegs in Berlin imaginiert Unica Zürn ihr eigenes GPS-System. »Sie leidet, von ihrer Kindheit an, an einem Mangel des Orientierungs-Sinnes. Selbst, wenn sie den gleichen Weg schon zehnmal gegangen ist, findet sie ihn beim elften Mal nicht wieder.« [Unica Zürn, *Der Mann im Jasmin*, in: U. Z., *Gesamtausgabe in fünf Bänden*, hrsg. von Günter Bose und Erich Brinkmann, Bd. 4, Berlin 1991, S. 166.] Auf der Suche nach dem Restaurant Aschinger beschließt sie, die Stimme von Henri Michaux einzuschalten. »Kurz und deutlich gibt er ihr die Richtung an, die sie einzuschlagen hat, um in die Nähe des Bahnhofs. Sie hört in ihrem Kopf: ›Geradeaus – rechts um die Ecke – wieder geradeaus – jetzt links – halt! –‹ Sie blickt auf und befindet sich genau vor dem Eingang des Restaurants, das sie gesucht hat.« [Ebd., S. 166 f.]



Und nun also diese Zettel aus der Sammlung Hanns Zischlers. In verschiedenen Größen und Farben, auf Notizblättern, Papierservietten, dem nächstbesten Stück Papier, das gerade zur Hand war. Manche tragen vornehme Embleme (ein Wappen, eine kaiserliche Krone), Namen, die an ein sorgloses Leben irgendwo in der Ferne denken lassen: Hotel Slavija-Lux – Belgrad, Hotel Hilton – Sofia, The Marmara – Istanbul. Anderen Aufdrucken haftet die nüchterne Aura des Alltäglichen an: Veneziana Bruciatori Conduzione e installazione, Fax 041 538 27 88. Über das Vorgedruckte legt sich jedoch ein Netz individueller Botschaften. Schon auf den ersten Blick werden

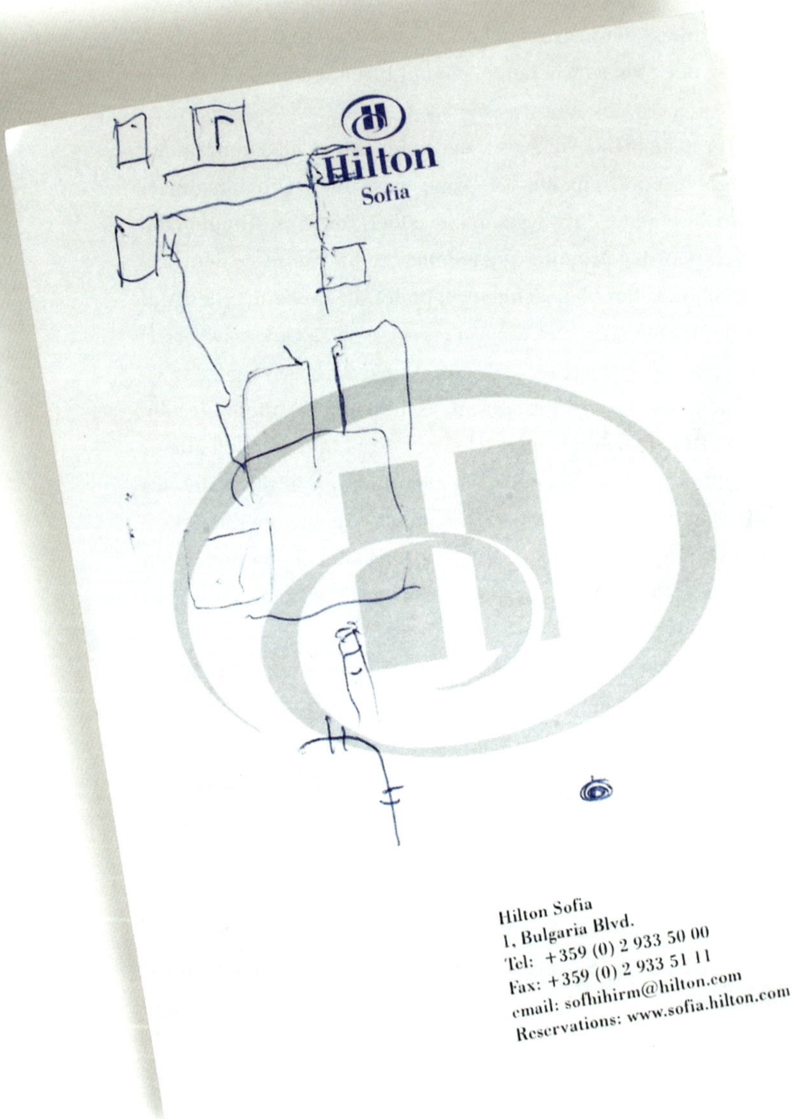
Hilton
Sofia
Hilton Sofia
1, Bulgaria Blvd.
Tel: +359 (0) 2 933 50 00
Fax: +359 (0) 2 933 51 11
email: sofhihirm@hilton.com
Reservations: www.sofia.hilton.com

unterschiedliche Stile erkennbar. Einige Zeichner setzen konzise Miniaturen in die Mitte des Blattes und lassen große Teile des Papiers ungenutzt. Andere holen weit aus, beginnen in großen Gesten und merken nach den ersten Strichen, dass der begrenzte Platz nicht ausreichen wird. Wie der Einkaufszettel oder der gelbe »Post-it«-Kleber (»Bin gleich wieder da!«) gehört auch die Wegbeschreibungen zur Gattung der Einwegnotizen. Sobald sie ihren Zweck erfüllt haben, werden sie nicht mehr angeschaut und verschwinden in der Abgeschiedenheit einer Manteltasche. Wenn man sie dort nach Monaten zufällig wieder hervorholt, haben sie sich in enigmatische Gebilde verwandelt. Ihre Botschaft ist jetzt nur noch bruchstückhaft zu entziffern. Einen besonderen Reiz entfalten sie für den, an den sie gar nicht gerichtet waren. Dem Außenstehenden zeigen sie sich als Bruchstücke eines unbekannten Lebens, die man wie archäologische Spuren lesen kann. Wohin würden einen diese Wegbeschreibungen führen, wenn man sie Jahre später noch einmal in Gebrauch nimmt, ohne jemals von ihnen gemeint worden zu sein?



Erster Versuch. Mai 2006, Paris, Place Charles de Gaulle (auch Place de l'étoile), »mit den vielen einmündenden Straßen einer der verkehrsreichsten Plätze in Paris«. Diese Information meines Reiseführers ist auf der Skizze, die ich in Händen halte, auf den ersten Blick offensichtlich – eine Synthese aus Delirium und Präzision. Offensichtlich hat hier jemand Bars und Restaurants im Umfeld des Platzes eingezeichnet: Z du Terne xxx Meat classic, Bistro Savoy, Bistro Marins, Spoon. Die Suche nach dem Fleischklassiker du Terne führt mich über den Boulevard Wagram. Hier muss einmal das Bistro Savoy gewesen sein. Stattdessen finde ich in dieser Gegend zwei Schnellrestaurants und einen Guiness Pub. Die Türe eines Telefonhäuschens steht weit offen, der Hörer hängt bewegungslos herab. Ich passiere das im Plan verzeichnete blaue »N«. Als ich die Place du Terne überquere, setzt leichter Regen ein. Ich biege ab in den Boulevard de Courcelles und finde im Haus Nr. 87 Les Gourmets des

**links** Rätselhefte Nachricht
aus einem fremden Land.

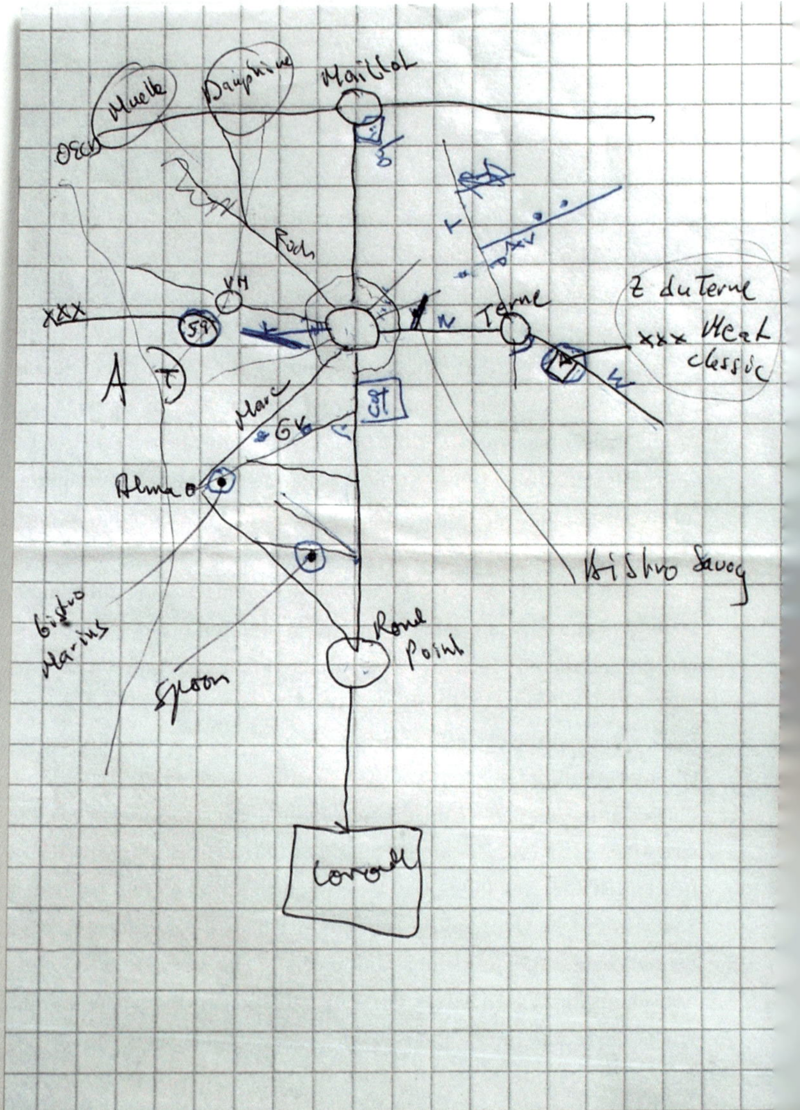

Maillot
Muette
Dauphine
OECD
Rich
VH
XXX
59
Terne
Z du Terne
xxx Meat classic
A
Marc
GV
Alma
Bistro Savoy
bistro Marius
Spoon
Rond Point

Ternes, das Restaurant, das hier zweifellos gemeint sein musste. Das blaue »W« auf der gegenüberliegenden Straßenseite entschlüsselt sich nicht.

Die Suche auf der anderen Seite der Place Charles de Gaulle gestaltet sich ungleich schwieriger. Dass auf der Skizze nur zehn der zwölf Straßen, die den Platz verlassen, eingezeichnet sind, erschwert die Orientierung. Erst nach einer Weile begreife ich, dass der mit »VH« bezeichnete Kreis die Place Victor Hugo bedeutet. In der Rue Victor Hugo Nr. 59 soll sich ein weiteres Restaurant befinden (bezeichnet: xxx). In diesem Haus befindet sich nur eine Bekleidungsboutique. Existiert das Restaurant nicht mehr? Oder habe ich mich in der Straße geirrt? »Sich in einer Stadt nicht zurechtfinden heißt nicht viel«, schreibt Walter Benjamin. »In einer Stadt sich aber zu verirren, wie man in einem Walde sich verirrt, braucht Schulung. Da müssen Straßennamen zu dem Irrenden so sprechen wie das Knacken trockner Reiser und kleine Straßen im Stadtinnern ihm die Tageszeiten so deutlich wie eine Bergmulde widerspiegeln.« [Walter Benjamin, *Gesammelte Schriften*, Bd. IV.1, hrsg. von Tillman Rexroth, Frankfurt a. M. 1972, S. 237.] Das ist mir an diesem Tag im Mai nicht gelungen. Die Rue Victor Hugo spricht nicht zu mir. Keine Bergmulde erscheint, kein Ästeknacken ist zu vernehmen. Im Schaufenster der Boutique stehen drei Puppen ohne Kopf, die in rätselhafter Eintracht eine gleichmäßige Tanzbewegung ausführen.

**links** Skizze für einen Selbstversuch.

**oben** Etappen unterwegs, nicht das Ziel.

Zweiter Versuch. Paris, Place de la Concorde, »einer der großartigsten und historisch bedeutendsten Plätze Europas«, schreibt mein Reiseführer. Mein Wegweiser aber ist eine äußerst reduzierte Skizze: eine blaue Kugelschreiberzeichnung auf einem quadratischen Papier: ein Oval, darin eingelassen ein Rechteck, in diesem – schwebend – ein weiteres Rechteck. Darüber hat jemand notiert: »Place de Concorde«. Das Oval umschreibt zweifellos den Grundriss des Platzes. Das Rechteck im Zentrum stellt dann den steinernen Obelisken aus Theben dar, der 1836 hier aufgestellt wurde. Unweit des Obelisken stand lange Zeit ein Standbild Ludwigs des Königs, danach die Guillotine. Der Reiseführer: »Hier rollten in zweieinhalb Jahren 1119 Köpfe, darunter jene von Louis XVI., Marie-Antoinette sowie den Führern der Revolution Danton und Robespierre.« Auf dem Zettel in meiner Hand ist die Geschichte zu einem Oval mit Rechtecken geworden. Eine australische Reisgruppe versucht gerade, den Platz zu überqueren, als die Ampeln jäh umschalten. Aus der Rue Royale rollt eine Autokolonne über das Pflaster. Während ein Teil der Gruppe die andere Seite sicher erreicht hat, bleibt ein anderer wie ein Trupp Schiffbrüchiger auf der umtosten Verkehrsinsel zurück. Der Blick fällt wieder auf das Blatt. Am unteren Ende des Ovals sind drei Striche eingezeichnet: die Avenue Gabriel an der nördlich gelegenen Seite des Platzes, die Champs-Élysées, der im Süden die Seine begleitenden Quai des Tuilleries. Man blickt hier also von den Champs Elysées in Richtung der Tuillerien. »Von dem runden Bassin aus«, so der Reiseführer, »unternahmen 1784 die Physiker Charles und Robert den ersten mit Gas betriebenen Ballonaufstieg unter dem Beifall und den Angstrufen unzähliger Zuschauer. Sie landeten jedoch unversehrt in der Gegend von Beauvais.« Auf der Skizze hat sich der Quai des Tuilleries aus dem Verbund des Platzes herausgelöst und flottiert frei und ein wenig haltlos auf dem monochromen Grund des Papiers. Die Avenue Gabriel und die Champs-Élysées verfangen sich am linken Rand des Papiers in den roten Druckbuchstaben des Wor-



**rechts** Anlass für einen zweiten Versuch.

Place de Concorde
Clintec
SALVIA

tes »Clintec«. Der i-Punkt hat sich von den restlichen Buchstaben entfernt und erinnert an eine Tagebuchnotiz Franz Kafkas: »›Wenn er mich immer frägt‹. Das ä losgelöst vom Satz flog dahin wie ein Ball auf der Wiese.« [Franz Kafka, *Tagebücher*, hrsg. von Hans-Gerd Koch, Michael Müller und Malcolm Pasley, Frankfurt a. M. 1990, S. 9.] Darunter blass und grau – als sollte es nicht wirklich dazugehören – das Wort: »Salvia«. Die Firma Clintec International wurde 1989 als Joint Venture zwischen Baxter und Nestlé gegründet. 1991 übernahm Clintec Salvia Gmbh & Co OHG von Boehringer den Bereich Salvia. Am 1.Oktober 1996 wurde das Joint Venture Clintec aufgelöst, und die Nestlé Clinical Nutrition GmbH wird gegründet: Clintec Salvia existierte nicht mehr. Das Blatt Papier muss demnach aus der Zeit zwischen 1989 und 1996 stammen, als es das Untermnehmen noch gegeben hat. Roter Aufdruck und quadratisches Papierformat lassen an einen jener massiven Notizblocks denken, die man als Werbegeschenk bekommt. (Kein Mensch kauft eine solches Objekt.) Im Konvolut der Zettel findet sich noch ein weiteres Blatt, das vom gleichen Block herrührt – ein Einkaufszettel: »Butter | Brötchen | Wurst/Käse | Äpfel | Hefe | Eier | Schokoeier | Saft | Zweige«. Daneben: »Schlagsahne | Milch?« Die Schokoeier und die Zweige lassen an Ostern denken, und für einen Augenblick zeigt sich jetzt auch die Place de la Concorde auf der Pariser Wegbeschreibung als gigantisches Osterei.



Das Ziel, zu dem dieser Zettel führen soll, ist aber vermutlich in der rechten oberen Ecke zu suchen. Eine Konstruktion, die dem Ei wie eine Antenne aufgesetzt ist, beschreibt dort einen rechten Winkel, an den sich vier Gebilde angelagert haben (wie Knospen an einem Osterzweig). Wenn ich die drei Striche am unteren Rand des Blatts richtig gedeutet habe, dann ist hier die Gegend um das Musée de l'Orangerie gemeint. Aber was gibt es dort zu sehen? Zwar führt tatsächlich eine Schnellstraße ins Zentrum der Stadt. Ein scharfes Abbiegen nach rechts – wie es die Skizze vorschreibt – würde jedoch zwischen den Baumstämmen hindurch direkt in die Seine führen. An diesem Tag im Mai stehen auffallend viele Wohnmobile auf dem Platz vor der Orangerie. Handelt es sich hier um einen bekannten Treffpunkt dieser Szene? Und war das vielleicht die Botschaft des Zettels? Von der Kohorte der abgestellten Wohnmobile geht etwas Feindseliges aus. Einige Wagentüren stehen offen, aber um die Autos herum ist niemand zu sehen. Wird man jetzt aus dem Inneren dieser Fahrzeuge heraus beobachtet? Auch die steinerne Allegorie der Stadt Lyon, die seit 1836 von ihrem Pavillon herab auf den Platz hinunterblickt, wirkt auf einmal beunruhigend.



Der Blick geht zurück auf das Blatt. Oftmals ist es die Rückseite eines Zettels, die entscheidenden Aufschlüsse enthält. Und so ist es auch hier. Die gleiche Hand, die auf der Vorderseite »Place de concorde« eingetragen hat, hat auf der Rückseite notiert: »Shoppen: – Le maré [vermutlich gemeint: Le Marais?] – quartier latin – les halles.« Und dann: »Grand palais Chagall-Ausstellung.« Die Lösung! Plötzlich fügt sich alles zusammen. Die Zeichnung auf der Rückseite skizziert den Weg zur Chagall-Ausstellung im Grand Palais, die 2003 dort stattgefunden hat. Der Blick geht nicht nach Südosten, sondern von Norden nach Süden: die Sicht eines Autofahrers, der von der Eglise de Madeleine her kommend auf die Seine zu fährt. Die drei Striche am unteren Rand meinen demnach die Rue Saint-Florentin, die Rue Royale, die Rue Boissy d'Anglais. Man soll sich, von der Madeleine kommend, an der westlichen Seite des Platzes halten und vor der Brücke über die Seine nach rechts abbiegen. Eine einzelne Taube umkreist den Obelisken. Der Bus mit der australischen Reisegruppe verlässt den Parkplatz. Allmählich setzen sich Bruchstücke einer Geschichte zusammen: An einem Tag im Frühjahr 2003 reist jemand nach Paris. Jemand anderer, Mitarbeiter oder Kunde der damals noch existierenden Clintec Salvia, gibt dem Reisenden zwei Ratschläge mit auf den Weg: Shoppen, Chagall-Ausstellung. Anderswo wird ein Osterkuchen gebacken, werden Zweige in eine Vase gestellt.

Spoon
Rond Point

*»Der Untersuchungsrichter würde doch nicht auf dem Dachboden sitzen und warten. Die Holztreppe erklärte nichts, solange man sie auch ansah. Da bemerkte K. einen kleinen Zettel neben dem Aufgang, gieng hinüber und las in einer kindlichen, ungeübten Schrift: ›Aufgang zu den Gerichtskanzleien.‹ Hier auf dem Dachboden dieses Hauses waren also die Gerichtskanzleien?«* FRANZ KAFKA, DER PROCESS

*»Auf die ganze Landschaft war Schnee gefallen und der Himmel weiß bewölkt, und doch stachen sonderbar die Sterne durch.«* JEAN PAUL, TITAN



# I Wouldn't Start from Here
## Verzettelte Geschichten von Hanns Zischler

Die hier versammelten Zettel gehorchen keinem Genre. Es sind Karten aus erster Hand. Bestimmt zur sofortigen Orientierung. Rasch hingekritzelte Wegbeschreibungen, meist von Fremden für Fremde: »für wo am nötigsten«. Der Titel dieses Marbacher Magazins geht auf einen von Caroline Neubaur mitgeteilten Witz zurück – er soll schottisch sein –, demzufolge ein Fremder in einer großen Stadt auf der Suche nach dem Bahnhof einen Einheimischen nach dem Weg fragt. Lange sinnierend gibt der Angesprochene schließlich die Auskunft: »I wouldn't start from here«.

In der Regel verschwinden diese hier vorgelegten Zettelchen spurlos, sobald sie ihren Zweck erfüllt haben. Aus einem mir nicht mehr geläufigen Grund, vielleicht aber auch einfach grundlos, habe ich einige dieser temporären Wegweiser aufgehoben. Sie hatten sich, ihrer Natur folgend, in jenen schmalen Zwischenraum verkrochen, der Georges-Arthur Goldschmidt zufolge »poche restante« ge-

**links** Oft entstehen sie im öffentlichen Raum.

nannt wird. Wieder ans Licht gezerrt, schien vieles beim ersten Wiedersehen aus dem Gedächtnis getilgt zu sein. Der Anlass wollte sich nicht mehr aufspüren lassen, ja selbst der konkrete Ort, um den es doch ausschließlich geht, wollte sich manchmal nicht mehr zu erkennen geben. Erst nach wiederholter Betrachtung gaben etliche zunächst einen vagen Zusammenhang und schließlich sogar einige vom Gekritzel überschriebene Geschichten preis. Papier, sagt man, ist geduldig.

Es gibt Gegenden, in denen Wegezeichnungen unbekannt, ja unvorstellbar sind. Als mein Neffe Paul auf einer Bus-Reise durch Persien Anfang dieses Jahrhunderts einmal einen Einheimischen nach dem Weg fragte, ignorierte dieser den hingehaltenen Zettel und den Schreibstift und ›beschrieb‹ im Verlauf eines längeren Gesprächs mit ausladenden Gesten und lautstark wiederholten Angaben den gesuchten Ort. Und wie von selbst kamen dabei eine Reihe von Dingen zur Sprache, nach denen der Suchende gar nicht gefragt hatte, die nicht zu erwähnen dem Wegweiser aber unhöflich erschienen wäre.

Leicht vorstellbar, dass mein Neffe und auch dieser Einheimische sehr bald schon mit einem Mobiltelefon samt integriertem GPS ausgestattet sein werden. Ein Zettel muss dann gar nicht mehr abgelehnt, ein unter Umständen anregendes und weiterreichendes Frage-Antwort-Spiel zwischen Fremden gar nicht erst geführt, ja die Frage erst gar nicht gestellt werden: Jeder findet seinen Weg dann allein, geleitet von der elektronischen Stimme und den blinkenden Leuchtzeichen auf dem Display. Der Austausch, wofür der Zettel ein fragiler, aber beredter Beweis ist, zirkuliert nicht mehr zwischen Ortskundigen und Fremden. Ein GPS-Signal verrät über den gesuchten Ort nichts mehr, es kartiert und egalisiert alle aufgerufenen Orte. Der Ort selbst wird ortlos. Er ist ein Rasterpunkt, ein Informationscluster. Die hinweisende, leitende, führende und dem Ort selbst gewissermaßen vorauseilende Hand, die mithilfe der Zeichnung verlängert und intensiviert wird, existiert dann nicht mehr. Die Tendenz zur isolierten, elektronisch gesteuerten Wahrnehmung wird jeglichen Zettel bald obsolet machen. Hinzu kommt, dass infolge dieser datenentropischen Tendenz die Fähigkeit, spontane und genaue Ortsbeschreibungen zu liefern, rapide versiegt. Man findet zueinander über das Mobiltelefon und meidet den unmittelbaren Kontakt mit Fremden. Der Zettel war die Urkunde eines vertrauensvollen *first contact*. An seine Stelle tritt der kontrollierbare *first check-up*.



Ein Zettel ›aus erster Hand‹ liefert auch Hinweise auf dessen Urheber – über seine Vorstellungskraft und mitunter affektive Verbundenheit mit dem so plötzlich aufgerufenen Ort. Zettel enthalten meist nicht nur die knappe Skizze des einzuschlagenden Weges, sondern zusätzliche kalligrafische Akzente, Orientierungspunkte, Erinnerungszeichen, um sicher zu stellen, dass der Weg auch richtig verfolgt wird.

Zettel wie die vorliegenden sind jetzt antiquarisch. Die Spuren, die sie in lose verdichteter Form darbieten, sind nur noch bedingt mitteilsam. Sie haben sich aufgrund ihres unmittelbaren Gebrauchs selbst zerschlissen, und das Material und die Lesbarkeit der unordentlichen, verstümmelten, gelegentlich infantilen Zeichen karikieren die Reduktion der Information auf ein geordnetes und umstandslos effizientes Zeichensystem. Die Zettel sind Dokumente einer beredten Ineffizienz.

***

*Flatlands* heißt ein Ende des 19. Jahrhunderts erschienener Roman, der von einer zweidimensionalen Welt und deren Bewohner erzählt. Sie sind erlöst von den Wirrungen der aufragenden Gestalt, der Dritten Dimension, wo das Ungefähre, das Himmelstürmende und Abgrundtiefe, das Aufständige, das schlechthin Unauslotbare zu Hause ist. Die Verfassung von Flatlands heißt Schrift (oder Algorithmus), eine besondere Form ihrer Repräsentanz ist die Zeichnung in jeder nur erdenklichen Form – vom Gekritzel bis zur vollendeten Skizze. Flatlands ist immer nur so groß wie das Blatt, auf dem es in Erscheinung tritt. Im Jargon der Bewohner gibt es den Begriff oder das Bild des In-Erscheinung-Tretens nicht, man spricht dort lieber vom ›Interpunkt‹ oder dem ›Interlinear‹.

Von oder vom Raum zu sprechen, ist in Flatlands verpönt, weil ja alles – und unter bestimmten Umständen sogar mehr als alles – flächig und flach auf einem Zettel unterzubringen ist. Die Zettel ragen als eine zarte Insulinde aus der Tektonik des Stillen Ozeans von Flatlands hervor.



***

Zettel sind ausgewilderte, aus festen Verhältnissen entwischte Gesellen. Ihre zerfransten Krägen verraten ihre Herkunft aus dem Spiralblock und dem Abreißkalender. In der Schreckgestalt der Makulatur nehmen sie aus Zeitungen Reißaus oder werfen sich arg zerfleddert vom Bord der Bücher. Manchmal tragen sie büttendick auf, dann wieder fläzen sie sich als tätowierte, gestempelte oder mit schwindsüchtigen Wasserzeichen imprägnierte Haderlumpen an bücherfernen Orten.

Immer umtriebig, windsüchtig und knifflig verstecken sie sich zwischen Buchseiten, ihren Nestern. Sie überwintern als *poche restante* in Nachtkästchen, alten Brieftaschen, abgelegten Kleidern, Mappen und Aktentaschen. Immer finden sie ein Dazwischen, das ihnen Exil gewährt. Hat man sie erhascht, wollen sie nicht gleich achtlos zerknüllt und weggeworfen, sondern ein allerletztes Mal betrachtet und ahndungsweise entziffert werden, als ließe sich aus dem Geschreibsel etwas schon längst nicht mehr Vermisstes oder verloren Geglaubtes wiederfinden. Diese Zettel erinnern uns daran, dass selbst das Vergessen vergesslich ist.

***

Was auf dem Zettel verzeichnet ist – die schmalen Furchen einer gedankenvollen Überlegung, die Schmisse, Schnörkel und Krakel einer fast schon entlaufenen Unterschrift –, lebt fort, auch wenn das Papier zerknüllt, zerrissen, zerschlissen, zersetzt und verbrannt ist. Zettel prägen sich dem Gedächtnis leichter ein als die taumelnden Welten der Dritten Dimension.

***

Zettel sind ebenso genügsame wie gefräßige Hedonisten. Sie nähren sich von Blei, Tinten, Tuschen, Farben aller Art – und wenn es sich gar nicht mehr vermeiden lässt, sogar von Blut. Doch sie lieben das Blut nicht, es gehört nicht zu ihnen, es ist ein aufdringlicher, dickflüssiger Fremdling, hereingesickert aus der Dritten Dimension, von dorther, wo die Aufregung, das Herzzerreißende und das Fleischliche sich breitmachen.



Aber egal ob Tinte, Kuli, Bleistift, Filzstift oder Marker – fast immer verleiten sie den Schreiber zu Krakeln und Kapriolen. Die Schrift rutscht auf Zetteln aus wie der Spaziergänger auf vereisten Wegen. Der Handlauf der Zeilen oder das dünne Gitter der Karos hat auf den Zetteln keine Macht über den Zug der Schrift. Rasch kullern die Buchstaben über die schiefe Bahn. Die Hand, die da krittelt und kritzelt und ausrutscht, teilt über den Schreiber mehr mit, als ihm lieb sein mag. Die Anonymität – wer zeichnet schon Zettel namentlich! – macht sie zum Gegenstand einer augenblicklichen, mit dem plötzlichen Auftauchen des Zettels wie von selbst geweckten Neugierde. Die unbekannte Handschrift auf dem Zettel liefert das Phantombild eines Autors.

***

Das Wasser, dies hat der Zettel mit den Katzen gemeinsam, ist sein natürlicher Feind. Im Wasserzeichen hat er ihn für immer bezwungen und trägt seinen Triumph lichtvoll zur Schau. Anders als die hartleibigen, zusammengepferchten Bücher kann der Zettel dem Wasser selbst länger trotzen: ruhig schwimmt er eine Zeit lang obenauf, ohne sich aufzublähen, bis er irgendwann still auf den Grund des Wassers sinkt, es sei denn, Casmerodius albus fischt ihn vorher, von der Weiße des Blattes im dunklen Wasser angelockt, heraus und tapeziert damit sein großes Nest.

***

Vielgestaltig sind die Gattungen der großen Zettelei: Neben dem Einkaufszettel rangierte – früher natürlich – der Spickzettel, beide zur großen Familie der Schmierzettel gehörend. Und nicht zu vergessen, der Kassiber. Letzterer ist zu den immer noch aktiven, von eifersüchtelnden Göttern versandten Zeichenträgern zu rechnen, die dem armen Bellerophon das Leben kosteten. Eine Sonderform, auch sie im Aussterben begriffen, ist die winzige Brieftaubenpost.



***

In gehörigem Abstand, robuster und schon allein dadurch auf einer höheren materiellen, ja geistigen Stufe stehend als das Gelichter der Schmierzettel, rangieren die ordentlichen, genormten, unzerfransten Zettel, die DIN A6-Blätter für den Zettelkasten und, im selben Format wie diese, seit 1875 die Post- und die Ansichtskarte. Der ordinäre Zettel verhält sich zum wissenschaftlichen Zettel und zur Postkarte etwa so wie die Klamotte zur Garderobe.

***

Ein besonderer Zustand im Zettelleben – das mitunter sehr lange währen kann – ist die Flaschenpost. Sie darf als die Apotheose des Zettels begriffen werden. »Flaschenpost, die Beförderung von Nachrichten in luftdicht verschlossenen und mit etwas Sand beschwerten Flaschen, die von Bord aus dem Ozean anvertraut und durch Meeresströmungen fortgeführt werden. Derartige Flaschen benutzte man zuerst 1802 zur Erforschung des Golfstroms, und Berghaus stellte eine Tafel von 16 an den nordatlantischen Küsten aufgefundenen Flaschen zusammen. Becher veröffentlichte 1843 die erste Karte, in die 119 Funde eingetragen waren (Flaschenkarte). Gegenwärtig ist die F., die manchmal auch zur Mitteilung von Unglücksfällen benutzt wird, völkerrechtlich geschützt, und das Aussetzen der F. ist vonseiten mehrerer hydrographischer Ämter, in Deutschland durch die Seewarte, gut organisiert. Ein in die Flaschen einzuschließender Zettel gibt Nachricht über den Absender, den Ort, wo die Flasche über Bord gesetzt wurde, den Zeitpunkt, die Ausstattung der Flasche und die Adresse, an welche die Flasche gesendet werden soll. Der Finder der Flasche oder die Behörde, an die er die Flasche abliefert, füllt ein Schema auf der Rückseite des Flaschenzettels aus, das über die Auffindung, Ort, Zeit, Beschaffenheit der Flasche Auskunft gibt. Aus der Kenntnis des Abgangs- und Fundortes der Flasche kann man wertvolle Schlüsse auf die Richtung vieler Oberflächenströmungen des Meeres ziehen. Fast alle Flaschen, die in den Äquatorialströmen des Atlantischen Ozeans ausgeworfen wurden, sind in Westindien oder Brasilien gefunden worden, die im Guineastrom ausgesetzten dagegen an den Küsten Westafrikas. Eine 19.Mai 1887 bei den Kap Verde-Inseln aufgegebene F. wurde 17.März 1890 an der irländischen Küste gefunden und hat, zweifellos auf dem Umweg über Westindien, 7700 Seemeilen zurückgelegt. Noch größer sind die Reisen dreier Flaschen, die vom Kap Horn in Ost-Richtung bis Australien in 2 1/2–3 Jahren geschwommen sind und somit rund 9000 Seemeilen, täglich etwas 8–9 Seemeilen oder 15–16 km, zurückgelegt haben. Die Ermittlung der Stromgeschwindigkeit durch F. ist freilich sehr mißlich, da es meist unsicher bleibt, ob die Flasche sogleich oder nach langem Liegen am Strande gefunden ist. In den arktischen Regionen hat man die F. mit Erfolg zur Beförderung von Nachrichten über Polarexpeditionen benutzt. So fand die Pandora 1876 zwei Flaschen mit wertvollen Nachrichten über die Expedition von Rares auf Littleton Island im Smithkanal. Die Ergebnisse der F. werden jährlich in den ›Annalen der Hydrographie‹, im ›Nautical Magazine‹ veröffentlicht. Vgl. Schott, Die Flaschenposten der Seewarte (Hamb. 1898); Derselbe, in der ›Marine-Rundschau‹ 1898, Heft 1.« So der Meyer 1907.

P.S.: Der Plural von Flaschenpost lautet offenbar, wie oben zu lesen, Flaschenposten.

***

*Aus den Annalen des Hamburger Hochseeschifffahrtsamtes:* Christoph Kolumbus (1451–1506) hatte bei tobender See auf dem Segelschiff ›Nina‹ mit dem Gedanken gespielt, seine Reiseaufzeichnungen 1493 für die spanischen Hoheiten in einem versiegelten Holzfass den Wellen zu übergeben. Doch der Sturm legte sich, und der Entdecker Amerikas konnte persönlich Bericht erstatten. Königin Elisabeth I. (1533–1603) bedrohte Untertanen mit dem Tod, die es wagen sollten, eine Flaschenpost zu öffnen. Die Herrscherin bestellte eigens einen Hofbeamten als Flaschenpost-Öffner. Den Anlass dazu hatte ein englischer Fischer gegeben, der eine Flasche, in der die Bewegungen feindlicher Schiffe verzeichnet waren, ahnungslos entkorkt hatte. Der Mann hatte Glück und blieb am Leben: Er konnte nicht lesen. Spannend wie ein Kriminalroman liest sich die Geschichte der Flaschenpost, die 1875 von der kanadischen Bark ›Lennie‹ den Fluten übergeben wurde. Kapitän und Erster Offizier waren während der Reise von der Biscaya nach Griechenland von Meuterern abgeschlachtet worden.



Nur der Schiffsjunge und ein Steward hatten sich an dem Aufstand nicht beteiligt. Weil der Steward schreiben konnte, hielten ihn die Banditen für intelligent genug, auch navigieren zu können. Er steuerte das Schiff in den Ärmelkanal und warf eine Flaschenpost über Bord, in der er das Gemetzel an Bord beschrieb. Die Flasche erreichte ihren Adressaten. Die Meuterer wurden im Mai 1876 nahe Southampton gehängt. Eine traurige Botschaft enthielt eine andere Flasche. Sie berichtet vom Untergang der deutschen Viermastbark ›Nomia‹ in einem Orkan am 16. Juli 1912. Ohne diese Nachricht wäre das Schicksal des Schiffes nie aufgeklärt worden.

Eine Brise der See-Abenteuer vergangener Zeiten weht heute noch durch das Archiv des Seeschifffahrtamtes. In vier dicken schwarzen Büchern kleben 662 vergilbte Zettel, die einst in Glasflaschen um die Welt schwappten. Die Unterlagen haben historischen Wert, das Umfeld ist reich an Anekdoten, Kuriositäten und Superlativen.

Da warf die Primaballerina Silvia Rudolph aus Hamburg während ihres Dänemark-Urlaubs 1901 eine Flaschenpost mit ihrer Anschrift in die Wellen. Nach rund 1600 Kilometern wurde die Weinpulle bei Staveng in Norwegen ans Ufer gespült, wo sie der Fischer Birger Jensen fand – acht Monate später läuteten für die beiden die Hochzeitsglocken. Die längste Zeit hat ein Brief hinter sich, der am 19. März 1955 in Neuseeland angespült wurde. Die Flaschenpost war 1903 von einer deutschen Südpol-Expedition zwischen Kerguelen und Tasmanien ausgesetzt worden. Wissenschaftler glauben, dass sie die Erde mehrfach umrundet hat.



Mehr ist von Jean-Joseph Pontoizeaus Eindrücken überliefert. Pontoizeau, Gemeindeangestellter in Notre Dame de Monts, fand an der französischen Atlantikküste die 30. Flaschenpost der Konzeptkünstlerin Katarina Streiff. Er berichtet: »Es war Winter, Februar, glaube ich, auf alle Fälle war es ziemlich kalt. Da bin ich, so wie jeden Morgen, mit dem Fahrrad am Strand entlanggefahren und habe plötzlich eine Flasche im Wasser gesehen. Ja, und dann habe ich gedacht, ich schaue einmal, was das ist – sie hätte ja auch voll sein können! Wissen Sie, ich trinke schon manchmal gerne ein Gläschen …«

***

Die endgültige Domestikation des Zettels, gewissermaßen ein bleibender Zuchterfolg des Weltpostvereins, war die 1875 für den Verkehr freigegebene Correspondenzkarte, die heute noch hie und da als Postkarte kursiert.

***

In besonderen Fällen raffen sich die Zettel auf, bauschen und bäumen und blähen sich. Dann entern sie scheinbar mühelos die Dritte Dimension und werden, vorübergehend, zu Einwickelpapier. »Tutto finisce in carta«, sagt, in einem unauffindbaren italienischen Roman, ein melancholischer Fürst: Am Ende wird alles zu Papier / alles verzettelt sich.

***



In einer denkwürdigen Episode von James Joyce' *Ulysses* (Kapitel 4) werden wir Zeuge einer ungewöhnlich intensiven, immer wieder unterbrochenen Zettellektüre, von der der gelernte Anzeigenaquisiteur Bloom, von Tagträumen heimgesucht, überwältigt wird:

»Er blieb vor Dlugaczs Schaufenster stehen und starrte die Ketten von Knackwürsten an, Bologneser, schwarz und weiß. Fünfzig multipliziert mit. Die Ziffern verblichen ungelöst in seinem Geist: mißmutig ließ er sie schwinden. Die glänzenden Würstchen, prall gestopft aus Füllfleisch, nährten seinen Blick, und voll Ruhe atmete er den lauwarmen Hauch gekochten würzigen Schweinebluts ein.

Einer Niere entsickerten Blutstropfen auf den weidegemusterten Teller: die letzte. Er stand am Ladentisch neben dem Mädchen vom Nachbarhaus. Wollte die sie etwa kaufen? Sie las die einzelnen Posten von einem Zettel ab in ihrer Hand. Rissig: Waschsoda. Und anderthalb Pfund Denny's Würstchen noch. Seine Blicke ruhten auf ihren kräftigen Hüften. Woods heißt er. Möchte wissen, was der eigentlich macht. Seine Frau ist schon etwas ältlich. Frisches Blut. Verehrer nicht gestattet. Stramme Arme. Beim Teppichklopfen einmal auf der Wäscheleine. Die haut zu, heiliger Georg! Und wie ihr der schiefe Rock schwingt bei jedem Schlag.

Der frettchenäugige Metzger legte die Würste zusammen, die er mit fleckigen Fingern, würstchenrosa, abgeschnippt hatte. Gesundes Fleisch, die da, wie eine stallgefütterte Färse.

Er nahm sich ein Blatt von dem Stoß zugeschnittenen Einwickelpapiers. Die Musterfarm in Kinnereth am Seeufer des Tiberias. Kann ideales Wintersanatorium werden. Moses Montefiore. Dacht ichs doch, der. Bauernhaus, Mauer drumrum, verschwommen weidendes Vieh. Er hielt das Blatt von sich ab: interessant: las genauer, das verschwommen weidende Vieh, auf raschelnder Seite. Eine junge weiße Färse. Jene Morgengänge über den Viehmarkt, die Tiere muhend in den Verschlägen, gebrandmalte Schafe, flappend fallender Dung, die Züchter in grobgenagelten Stiefeln, stapfend durch die Spreu, mit flacher Hand auf ein prallfleischiges Hinterviertel schlappend, prima Qualität das hier, ungeschälte Gerten in den Händen. Er ließ das Blatt schief sinken, geduldig, lenkte die Sinne ab und den Willen, brachte das sanft unterwürfe Starren zur Ruhe. Der schiefe Rock: schwang Schlag um Schlag um Schlag. 

Der Schweinschlachter grapschte sich zwei Blatt von dem Stoß, wickelte ihr die prima Qualitätswürstchen ein und zog eine rote Grimasse.

– Das wärs, mein Fräulein, sagte er.

Sie reichte ein Geldstück, keck lächelnd dabei, das dicke Handgelenk ausgestreckt.

– Dankeschön, mein Fräulein. Und ein Schilling drei Pence zurück. Der Herr, bitte?

Mr. Bloom zeigte rasch. Um sie einzuholen und hinter ihr zu gehen, wenn sie langsam ging, hinter ihren schaukelnden Schinken. Hübsch zu sehn so als erstes am Morgen. Beeil dich, verdammt. Heu muß man machen, solange die Sonne scheint. Sie stand draußen vor dem Laden im Sonnenschein und schlenderte lässig nach rechts. Er stieß einen Seufzer die Nase hinab: sie verstehn aber auch nie. Sodarissige Hände. Verkrustete Zehennägel auch. Braunes Schulterkleid in Fetzen, schützt sie gleich doppelt. Die nagende Mißachtung erglühte zu schwacher Freude in seiner Brust. Für einen andern: ein Schupo außer Dienst hat sie mal abgeknutscht in der Eccles Lane. Die mögens, wenn ordentlich was dran ist an einer. Prima Qualitätswürstchen. Ach bitte, Herr Wachtmeister, ich hab mich im Wald verlaufen.

– Drei Pence bitte.

Seine Hand empfing die feuchte weiche Drüse und ließ sie in seine Seitentasche gleiten. Dann holte sie drei Münzen aus der Hosentasche und legte sie auf die Stacheln der Gummiunterlage. Da lagen sie, wurden rasch gezählt, und glitten rasch, Scheibchen um Scheibchen, in die Ladenkasse.

– Vielen Dank, der Herr. Beehrn Sie mich bald wieder.



Ein Aufflackern gierigen Feuers aus Fuchsaugen dankte ihm. Er zog den Blick davon ab nach einem Moment. Nein: lieber nicht: bald wieder.

– Guten Morgen, sagte er und wandte sich zum Gehen.

– Recht guten Morgen auch, der Herr.

Keine Spur. Verschwunden. Was solls auch.

Er ging durch die Dorset Street zurück, lesend, mit ernster Miene. Agendath Netaim: Pflanzergenossenschaft. Ankauf weiter sandiger Landstriche von der türkischen Regierung und Bepflanzung mit Eukalyptusbäumen. Hervorragend als Schattenspender, Brennmaterial und Bauholz. Apfelsinenhaine und riesige Melonenfelder nördlich von Jaffa. Man zahlt acht Mark, und sie bepflanzen für einen ein Dunam Land mit Oliven, Apfelsinen, Mandelbäumen oder Zitronen. Oliven billiger: Apfelsinen brauchen künstliche Bewässerung. Jedes Jahr kriegt man eine Sendung von der Ernte. Ihr Name wird auf Lebenszeit als Besitzer ins Vereinsbuch eingetragen. Kaum zehn anzahlen und den Rest jährlich abstottern. Bleibtreustr. 34, Berlin W 15.

Kommt nichts raus dabei. Aber eine Idee dahinter.« [James Joyce, *Ulysses*, übers. von Hans Wollschläger, Frankfurt a.M. 1975, S. 82–85. – © der deutschen Übersetzung 1975 Suhrkamp Verlag, Frankfurt am Main.]

**rechts** Der Weg zur frischen Luft (vgl. S. 30 f.).

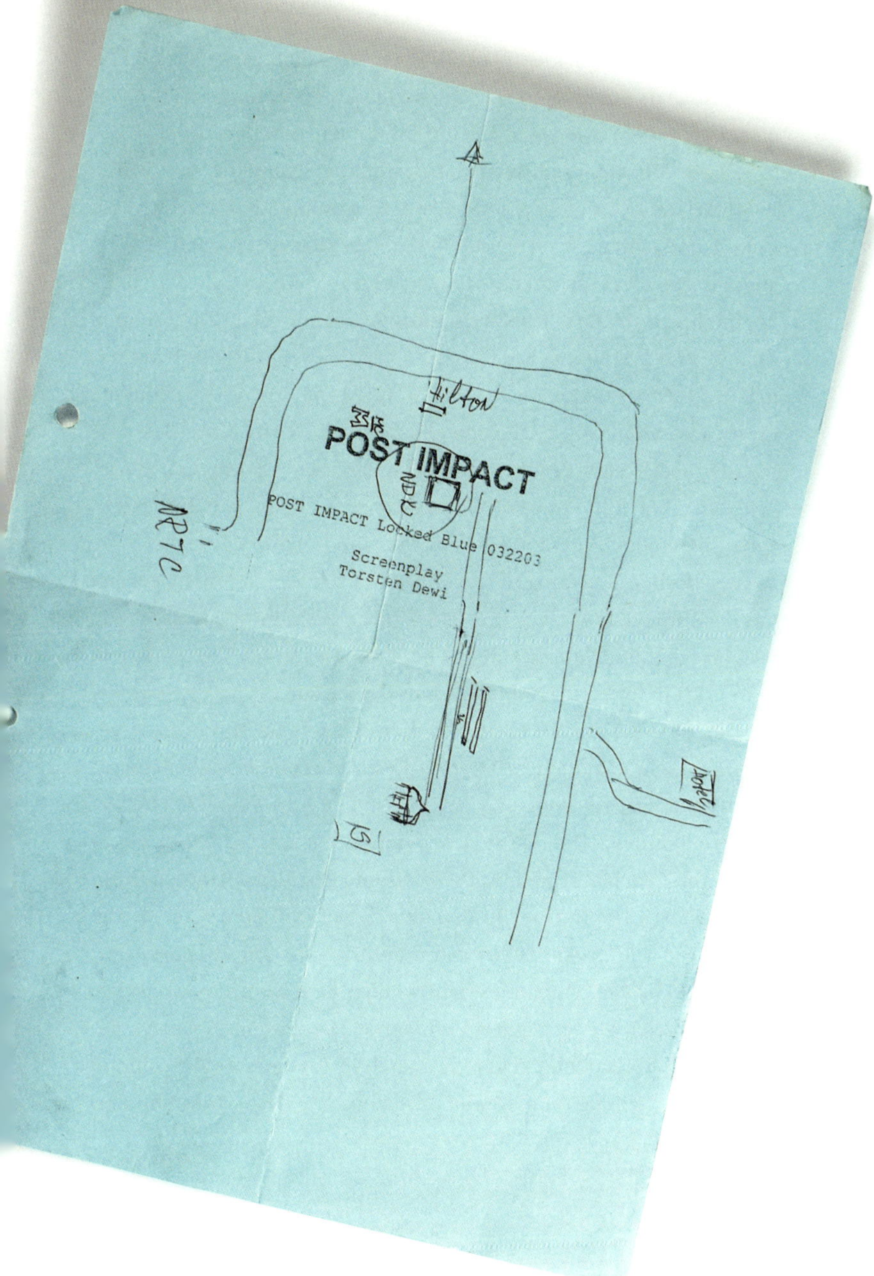
POST IMPACT

POST IMPACT Locked Blue 032203

Screenplay
Torsten Dewi

Ein blassblaues Blatt, DIN A4, Deckblatt eines Drehbuchs zu einem deutsch-bulgarisch-amerikanischen Film aus dem Jahr 2003. Ein Science-Fiction-Film made in Bulgaria.

Das Studio, die Produktionsbüros und die Schneideräume waren in einer der zahlreichen unfertigen Neubauten, Post-Perestroika-Betonruinen am zerfransten Rand der Stadt untergebracht. Der Film suggerierte die eiszeitlichen Folgen einer Nuklearexplosion für – Berlin: Bis zur Höhe der Reichstagskuppel war die Stadt eingeschneit und in einen riesigen Kühlschrank verwandelt worden. Nur aufgrund einer riskanten technischen Operation würde es gelingen, diese ›Zwischeneiszeit‹ rückgängig zu machen. In einer Sekunde leichter Geistesabwesenheit während der sehr hektischen Dreharbeiten kam mir eine Farblithografie aus einem populärwissenschaftlichen Buch vom Ende des 19. Jahrhunderts wieder in den Sinn, die der Berliner Selenologe Weyergraf mir vor vielen Jahren gezeigt hatte: »Zürich zur Eiszeit«. Zu sehen war ein Mammut auf blankem, eisigen Feld, im Hintergrund das Rathaus. Das brave Tier verharrte aufmerksam im Vordergrund, als lausche es dem Sechs-Uhr-Läuten.

Das gesamte ausländische Team war im Sofia Hilton untergebracht, einem nagelneuen Retorten-Resort auf einem künstlich aufgeschütteten Hügel stadtauswärts, als wollte es die ältere, leicht heruntergekommen wirkende Stadt schmähen. (In der Zeichnung durch die kleine zwiebeltürmige Kathedrale und die Hauptstraße dorthin symbolisiert.) Die Fenster in den *rooms* waren fugenlos dicht. Die Luft wurde von großen Aggregaten aufdringlich geräuscharm umgewälzt: Akustisch ähnelte es dem weißen Rauschen elektronischer Geräte. Nichts wie weg. In ein einfaches Hotel – mit Fenstern, die man selbst öffnen kann. »There is no hotel with open windows in the city.« Dann vielleicht außerhalb? In einem nur (!) 30 Auto-Minuten entfernten Vorort gab es ein Hotel mit der wunderbaren Vorrichtung eines zu öffnenden Fensters. (Das eingekastelte ›Hotel‹ am rechten Bildrand.) »Push the window open wide!«, singt der Dichter Bob Dylan.

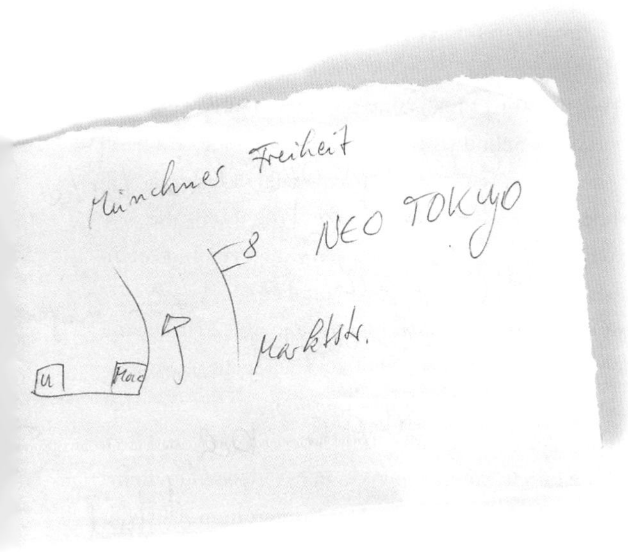


MÜNCHNER FREIHEIT

Ob sie wisse, wo es in der Stadt einen Laden mit japanischen Cartoons und Comics gäbe – aber keine Mangas!, frage ich im Comic-Laden des Münchner Hauptbahnhofs die Verkäuferin. »›Neo Tokyo‹«, sagt sie, ohne zu überlegen und zeichnet auch schon auf einen Wisch den kleinen Plan, der unfehlbar vom U-Bahn-Ausgang, vorbei an McDonalds Richtung (Pfeil) Münchner Freiheit

**oben** Unterwegs in einem japanischen München.

zum ›Neo Tokyo‹ in der Marktstraße 8 führt. Was ich denn suche, will sie wissen. Taniguchi, den japanischen Zeichner, der zusammen mit Moebius ein Buch gezeichnet hat. Der Held ist ein Junge, der die wundersame Befähigung zur Levitation hat und sich auf diese Weise immer wieder den aggressiven Begehrlichkeiten böser Wissenschaftler zu entziehen weiß. »Icaro?« »Ja, Icaro!« Taniguchi könne verblüffend genau Licht- und Wetterstimmungen in der Stadt darstellen, er sei geradezu ein Witterungszeichner, höre ich mich der Verkäuferin erzählen. Seine Hauptfigur, die niemand anderer als ein Bild von ihm selbst sei, wandere häufig ziellos durch die Vorstädte, wobei die Straßen, die Häuser, die Schilder, Lichter und Bäume so fließend durchgezeichnet seien, dass ich mich manchmal dabei ertappe, wie ich gedankenverloren diesen Mann auf seinem Weg durch das mir unbekannte Tokyo begleite. »Ach ja«, sagt die Verkäuferin und reicht mir den kleinen Ausriss mit der Wegbeschreibung.



Als ich den Zettel in der Hand halte, taucht vage eine Erinnerung auf, dass Taniguchi in einem seiner Budokan-Bücher diese Szene – die Wegbeschreibung auf einem Zettel – gezeichnet hat. Ich beschließe, diese kleine Erinnerung nicht mehr zu vergessen und lege sie wie ein Wasserzeichen in das geschenkte Blatt. Tatsächlich kehrt das mutmaßlich gesehene Bild, die Szene des Comics immer wieder ins Gedächtnis zurück, wenn ich den Zettel betrachte, doch die gezeichnete Szene selbst finde ich nicht wieder. Wunsch verwunschen?

Auf der Rückseite des Zettels entdecke ich später den Rest einer Mitteilung, unterschrieben: »Schönen Tach, | Astrid«.

Das Haus, die Bar von Bimbo Bimbasić sei sehr leicht zu finden, erklärt mir in der Lobby des Belgrader Hotels ›Slavija-Lux‹ der serbische Filmwissenschaftler V. Mit schnellen Strichen skizziert er den Corso im istrischen Pula, kringelt vier Stummel ein und murmelt presto »The trees!«, den Platz drumherum nennt er »Giardini«, dann erst entwirft er das wuchtige römische Tor, die Porta Julia und entdeckt plötzlich, dass er für die Hauptsache, den Anlass der Skizze, den Standort der Bar Ulyssees und den vormaligen Sitz der Berlitz School von Pola (wie es bis 1947 hieß) kaum mehr Platz auf seinem Zettel hat. An dieser römischen Ecke der Stadt hat James Joyce am 1. November 1904 zum ersten Mal in der neu eröffneten Sprachenschule unterrichtet, nach der monolingualen Berlitz-Methode: »Have you black hair? Have I blond hair? Where is her hair? Which eye is his? Which ear is his? How many ears have you? The nose is between the mouth and the eyes. The mouth is under the nose. Where is the mouth? Where is the nose? How many eyes have you?«

Als ich Pula des Nachts betrete und am nächsten Morgen nicht mehr weiß, wo ich mich befinde, erleichtert der Zettel meine vorübergehende Verwirrung und lenkt sie in sanftere Bahnen. Tatsächlich finde ich auf dem Corso die »trees« (Platanen), doch was Bimbo Bimbasić auf den Zettel geschmiert hatte, sind die Baumkrägen oder Baumscheiben, relativ enge, halbrunde Einfassungen aus Kalkstein, die aus dem asphaltversiegelten Boden hell herausragen. In der ›Bar Ulysses‹ schließlich sekkieren mich zikadische Heavy-Metal-Geräusche: weder laut noch wirklich leise. Tut weh und lässt sich nicht vertreiben. Eine lebensgroße Bronzeskulptur des hier für fünf Monate nicht sonderlich heimisch gewordenen Englischlehrers nach der Berlitz-Methode ziert die Veranda vor der Bar. Als ich den Besitzer der Bar nach Bimbo Bimbasić frage, lacht er laut auf und wendet sich von mir ab.

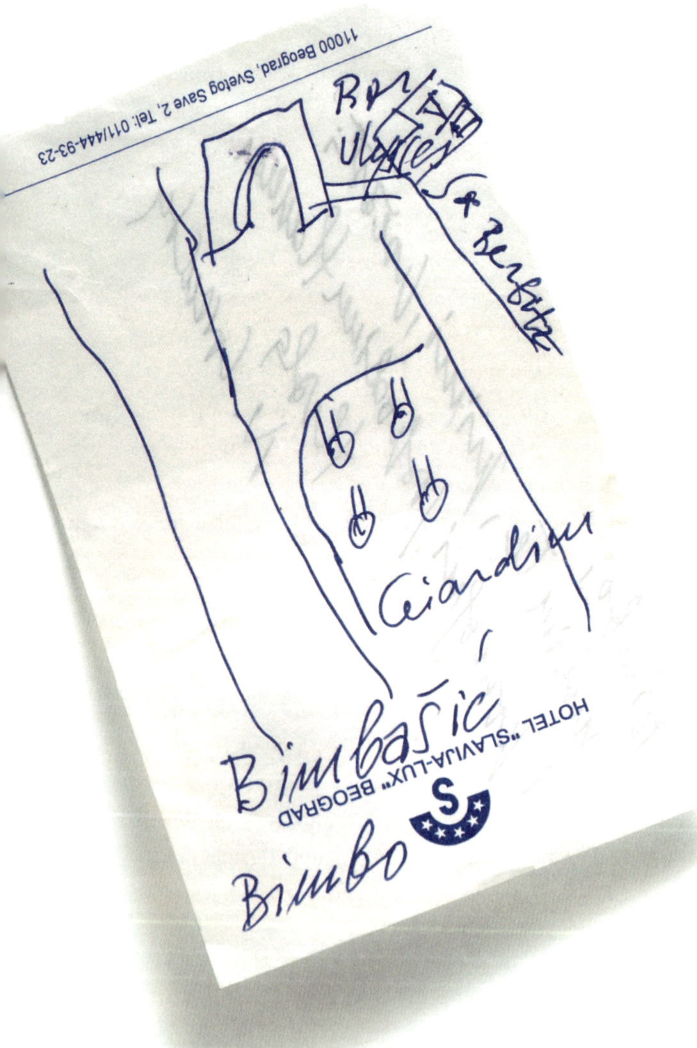
11000 Beograd, Svetog Save 2, Tel: 011/444-93-23
HOTEL "SLAVIJA-LUX" BEOGRAD
Bimbašić
Bimbo

Ob er sich erinnern könne, frage ich meinen Tischnachbarn, wie schwierig der Übertritt vom Knüppelweg auf den Feldweg für Kinder zu bewältigen gewesen seien –? »Und ob!«, sagt er und schmiert auf seine noch unberührte Papierserviette – er ist Architekt und hat immer einen Stift bei sich – immer weiter redend die Stelle. »Das Haus vom Nazipeter«, sage ich, und deute auf eine gänzlich weiße Fläche etwas unterhalb des von ihm markierten Übertritts, »das Haus war hier!« – »Nein«, erwidert er ohne aufzublicken und kastelt nicht weit von meiner gemutmaßten Stelle das so genannte eingadige Holzhaus des Bauern, den wir selbst nie zu Gesicht bekommen haben. Nun ist kein Halten mehr, schon umreißt er den eher kleinen Musikpavillon. Dort haben die »Herren Professor« Mack und Hartmann – Temperamente grundverschieden wie Dur und Moll (Mack ätherisch, feinfingrig, schmal und leise, den Blick ›venezianisch‹ in unbestimmte Weiten verloren, Hartmann polternd, rabaukisch, den Namen Braaahms! ausrufend als sei es die Anrufung eines Brahmanen) – uns Musik und Singen beigebracht. Herr Mack wirkte etwas betreten, als nach den Winterferien 1958 sein reiner Knabenchor, der das schlichte *Im Woid is so schtaad, alle Weg san verwaht* zu einer tränenreichen, vorweihnachtlichen Veranstaltung hatte werden lassen, kaum ist der Schnee verschwunden, zu einem Haufen krächzender Stimmbrüchler – wie von Circe verzaubert – verkommen ist. Und tatsächlich hatten wir das unangenehme Gefühl, wortbrüchig geworden zu sein. »Da schau, die Aache mit dem Wehr«, fährt er kritzelnd fort, »nur zu deiner Orientierung, die ist hier«. »A-a-che mit zwei a?« »Ja, wie denn sonst!« – »Unsere Aache! Die wird«, wie der Erdkundelehrer einmal fast bewundernd festgestellt hatte, »den Chiemsee in weniger als zehntausend Jahren mit dem Geröll, das sie unermüdlich da hineinschüttet, zum Verschwinden gebracht haben.«

**links** Show me the way to ›Ulysses‹ (vgl. S. 33).

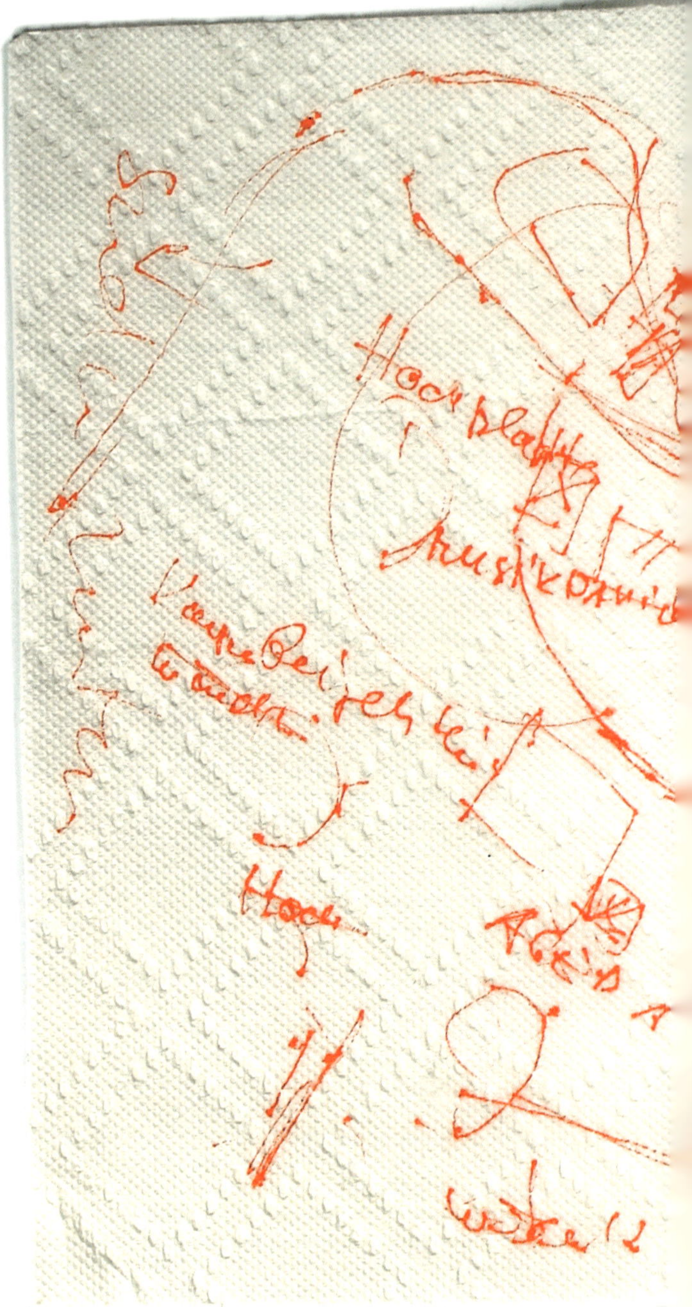

»Dann ist hier der Sportplatz, die Turnhalle, die alte Aula« – und schon ritscht er mit seinem Filzer ein weiteres Kästchen auf das geriffelte Serviettenpapier. Dieser Sportplatz hat sich mir eingebrannt wie Farblasur in einen Ziegel. Unglückstage und Katastrophen treten aus der Dunkelkammer ans Licht. Bei einem Fünfzigmeterlauf war ich mit dem zarten Beierpauli gleichzeitig durchs Ziel gerannt. »Nach den Ferien bin i schnella wia du«, keuchte Pauli. Als wir aus den Ferien zurück ins Internat kamen – Pauli war ein ›Externer‹ und lebte im Dorf – wurde uns mitgeteilt, in einem Raum, den wir nie zuvor gesehen hatten, dass Beierpauli vor zwei Wochen, als er noch ganz schnell vor einem näherkommenden Zug über den unbeschrankten Bahnübergang radeln wollte, von einer Lok erfasst und getötet worden war. Wir am Grab. Im Winter darauf trat die Aache tosend über die Ufer und brachte den Sportplatz zum Verschwinden. Die Aschenbahn war ausgespült, die beiden Tore aus ihren Verankerungen gerissen. Das ganze Oval der Anlage war, als das Wasser abgezogen war, ein einziger Schlammpfuhl. Die Turnhalle alias Aula. Seltsam, im klammen Schweißgestank zwischen Bock, Reck und Barren, in dem halligen Lärm der stapfenden, flappenden Riegen auf dem dunkelroten, gerefften Vorhang der Aulabühne die hervorquellenden und geschrumpften riesigen gelbdunklen Frakturzeilen »Immer strebe zum Ganzen ...« zu lesen. Ich wagte nicht zu fragen, wo oder wer dieses oder dieser Ganze sei. Ich kannte die Namen der Berge um Marquartstein: die Hochplatte, den Hochgern, den Geigelstein, auch das fernere Relief der eher schroff tuenden Kampenwand hatte sich mir eingeprägt, doch vom ›Ganzen‹, einem Berg dieses Namens war weit und breit nie die Rede gewesen. Ein Rätsel. Einen großen Kasten auf seiner Zeichnung, die in dem Maße immer kurviger und ausschwingender wurde, wie er lauter und entzückter von Detail zu Detail jagte, nimmt schließlich die ›Burg‹ ein, sie blieb namenlos, weil »die ja ein jeder kennt« – doch außer uns beiden war niemand an dem großen Tisch, der auch nur schemenhaft hätte erkennen oder verstehen kön-



**vorhergehende Doppelseite**
Komplizierte Tischvorlage.

nen, wovon hier die Rede war und was uns so unversehens in einen rauschhaften Zustand versetzt hatte. Es war eher so, dass angesichts unserer *tour de force* durch das seit fünfzig Jahren verschüttete und verschollene Gelände unter den Gästen eine gewisse Betretenheit spürbar wurde. Doch wenn man einmal die ersten Schritte und Striche in den Sumpf derartiger Erinnerungen gemacht hat, kann man nicht mehr umkehren. Knietief steckten wir mitsamt der immer dichter werdenden Zeichnung im Schlick einer anderen Zeit und konnten oder wollten nicht mehr umkehren. »Ja, das Fräulein Ferro –!«, sagte er, nachdem ich ihn gefragt hatte, ob sie zu uns gekommen sei, ehe das Neue Haus – er krikelte es gerade aufs Papier und kringelte noch ein paar mir überhaupt nicht mehr geläufige Wege darum herum – fertig war oder erst danach. »Sie kam mit dem Neuen Haus«, sagte er mit aller Entschiedenheit. »Und sie hat uns auch nach nur einem knappen Jahr wieder verlassen. Nach den Osterferien. Lima!« Er sagte es so, als sei sie ihm oder vielmehr dem »Heimkörper« untreu geworden. »In die hast du dich wohl verliebt. Warst nicht der Einzige!« Ich wollte hier am Tisch nichts dazu sagen, sondern erwähnte ausweichend, dass ich vor einigen Jahren – er zog gerade einige Striche, die nach Grassau, Unterwössen und andeutungsweise bis hinauf zum Chiemsee führten, durch den die Aache ja, seltsam genug, förmlich hindurchschwimmt, um bei Poing mit anderem Namen (!) wieder ins Freie zu schießen –, vor zehn Jahren, um genau zu sein, eine – »Stell dir vor!« – Schülerin von Fräulein Ferro getroffen hätte, eine jüngere Architektin aus Lima, die dort in der deutschen Schule im Handarbeitunterricht ... Doch so genau wollte er es plötzlich nicht mehr wissen, denn mittlerweile konzentrierte er sich, von einer jähen Erinnerung heimgesucht, auf die Darstellung des »Kanonenrohrs«. Mit drei, vier schnellen Strichen war diese, wie er schrie »hundsgemeine Rodelbahn«, die als schnurgerade Waldschneise von der Hochplatte ins Tal schoss, aufs Papier geschmiert. Seinen Anfang nahm dieses Rohr in einer herzförmig gerodeten, sehr hoch gelegenen Wiese. Diese Wiese, er bauchte einen Kringel aufs Blatt, hatte es mir seit je angetan. Sie war mir wie ein unerreichbarer, zeitenthobener heller Fleck erschienen. Manchmal zogen Wolkenschatten über sie hinweg. »Es ist ein Land Verloren«, fängt ein frühes Gedicht von Celan an, und diese Zeile surrt mir durch den Sinn, wenn ich an diese hochgelegene Matte knapp unterhalb der Baumgrenze denke. Als würde der Berg sich an dieser Stelle entblößen. Hinaufgekommen bin ich nie.



## KINSHASA LE 17 JUILLET 2004

Auf einem Website-Ausdruck des Auswärtigen Amts schickt mir ein hoher Angestellter der Weltbank eine Skizze seines täglichen Wegs durch die recht unruhige Stadt.

Weit hallt die Stimme der Francophonie durch Afrika. Jean Cocteaus Namen hier zu lesen, könnte seiner Lektüre einen neuen, ungeahnten Akzent geben.

Keine größere Stadt der Welt, in Afrika und Lateinamerika häufiger als anderswo, die nicht eine oder mehrere historische Zäsuren in Form eines Datums in die Stadtpläne eingetragen hat. Die reine Zahl – hier der 30. Juni – verdeckt den oder die Namen der verschollenen oder vergessenen Akteure. Die Zahl macht sie vergessen. Die Zahl summiert und konsumiert die Namen. In Buenos Aires, wo die Umstürze und Putsche eine wahre Plage sind, rivalisieren die Datum-Straßen förmlich miteinander. Die Mehrzahl der (längst vergessenen) Namen mögen, je nach Konjunktur der wetterlaunischen Identitäts- und Attraktionsmuster, in Verruf geraten sein (was allfällige Umbenennungen wie eine Fehlerfortpflanzung nach sich zieht), das reine Datum – meist ohne Jahr! – hingegen überdauert leichter

**rechts** Weg durch eine afrikanische Millionenstadt.

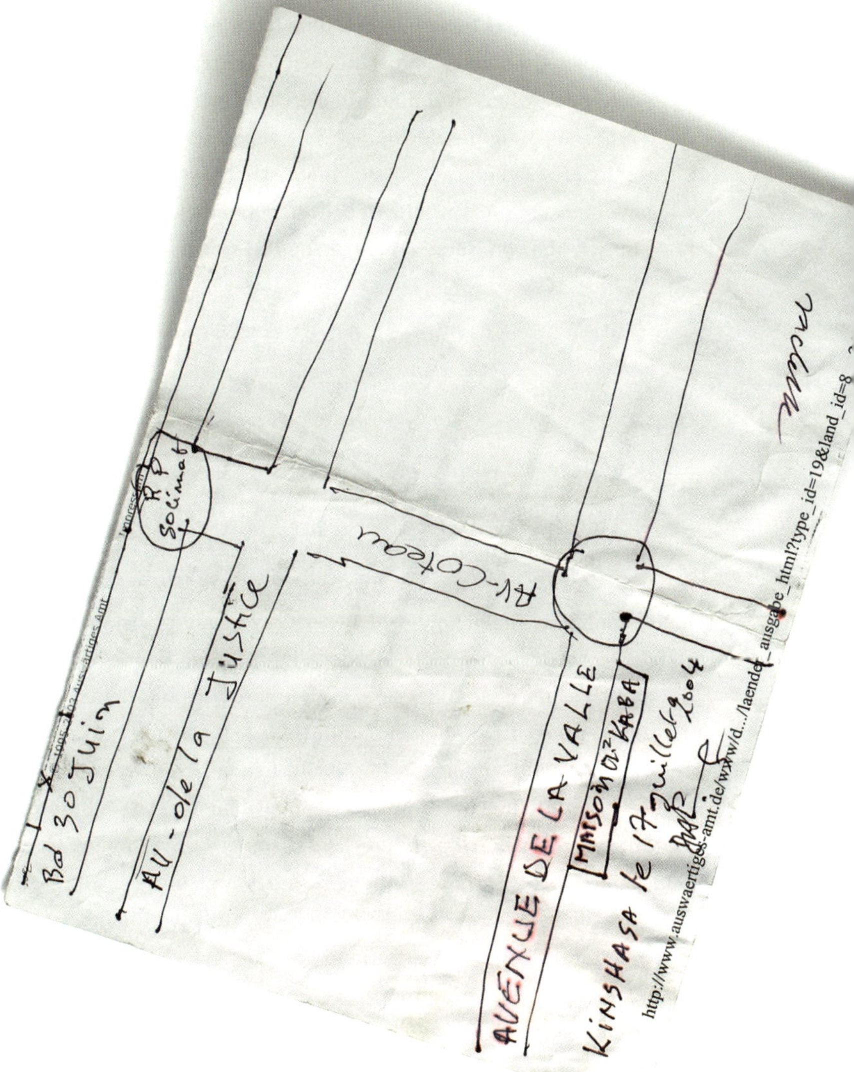
Bd 30 Juin
AV-de la Justice
RP Socimat
AV-Coteau
AVENUE DE LA VALLE
MAISON
KABA
KINSHASA le 17 juillet 2004
http://www.auswaertiges-amt.de/www/d.../laender_ausgabe_html?type_id=19&land_id=8

die wechselnden Witterungen. Es ist eine wohlfeile Form der Sakralisierung, die als Unterfutter für das Nationale unentbehrlich scheint. Dass parallel zu dieser zunehmend ertaubenden Erinnerung eine Avenue de la Justice verläuft, passt gut in dieses Raster.

P.S.: In besonders turbulenten Zeiten kann es zu einem kartografischen Kollaps kommen. So hatte der Magistrat von Groß-Berlin 1946 eine ungewöhnlich umfangreiche Umbenennung von Straßennamen beschlossen, die der neuen Zeit gerecht werden sollte. Der aufwendig erstellte neue Straßenplan musste bei seinem Erscheinen wieder eingestampft werden, weil in den westlichen Bezirken der Stadt eine Reihe von Namen nicht akzeptiert worden waren.



## RUE DIDOT

Verwehte Spuren. Nur an die rue Didot im 14.Arrondissement kann ich mich augenblicklich erinnern, schließlich trägt sie den Namen eines großen Schriftgießers. Gemessen an der bleibenden, die Augen zahlloser Leser erfreuenden Leistung dieses Handwerkerkünstlers ist die Straße recht schmal, doch sollte man dieses Kriterium nicht allzu sehr in den Vordergrund rücken. Auch die rue Daguerre ist ähnlich unauffällig.

Die Didot führt mich zum Boulevard Brune in die Wohnung des Malers Gilles Aillaud, dessen große Leidenschaft der Darstellung von Tieren galt. Wie kaum ein anderer Maler seiner Generation, er ist im Jahr 2006 achtzigjährig gestorben, vermochte er unseren Blick auf die Tiere ebenso zu bannen wie deren befremdlichen Blick auf uns.

Aber diese kleine Abschweifung löst nicht das wie versiegelte Strichraster. Auch die Handschrift ist mir nicht vertraut. Der gewissermaßen noch nicht entzifferte Schlüssel liegt in dem kleinen, mit

**rechts** Jemand sucht ›M‹.

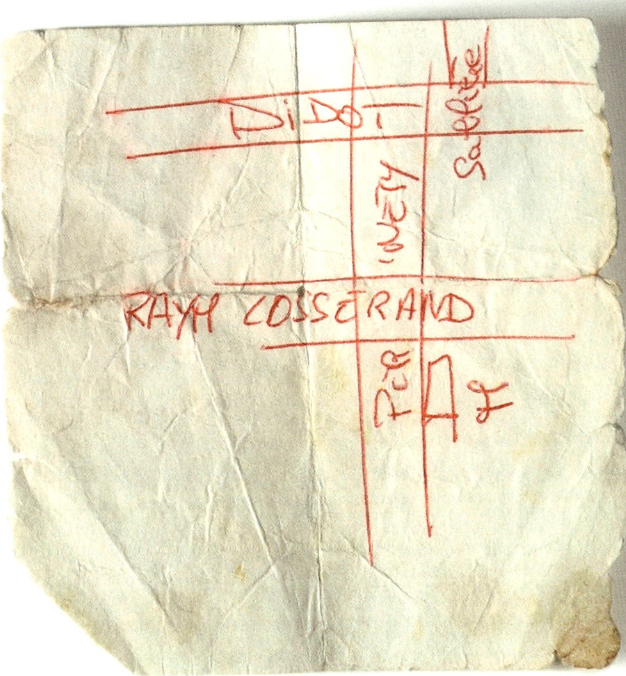
DiDOT
Sablière
RAYM LOSSERAND

einem M markierten Rechteck unweit der Ecke rue Périnéty / rue Raymond Cosserand. Das Haus, die Wohnung von M? Nur eine Person mit M käme in Frage. Sie hat mir vor Jahren ihre für Pariser Verhältnisse sehr große Wohnung überlassen. Wer als Fremder und noch dazu nachts eine Wohnung betritt, geht besonders behutsam vor. Die Sinne sind weit ausgespannt, nehmen Witterung auf. Als Allererstes und überwältigender als alles andere schlägt mir der Geruch dieses Ortes entgegen. Die Küche dominiert. Küchenkräuter, gewesene Speisen, leise Spuren von Reinigungsmitteln und die vielfältige olfaktorische Aura ganz persönlicher Hinterlassenschaften in der Luft, an den Kleidern und den im Dunkel lauernden Gegenständen. Die Hand will die Augen orientieren und sucht die Lichtschalter. Die älteren Schalter in Frankreich waren kleine, an Manschettenknöpfchen erinnernde Stäbchen, eine sehr unaufdringliche Vorrichtung, so diskret, dass man glauben konnte, sie seien nur widerstrebend installiert worden. Meine Hand stößt eine nur angelehnte Tür auf, weil ich mich erinnere, dass mir gesagt wurde, die erste Tür im großen Flur auf der linken Seite öffne sich zur Küche. Meine Hand sucht den Schalterknopf. »Bon soir!«, schlägt es mir sonor entgegen. Ich erschrecke. »Bon soir!«, antworte ich recht eingeschüchtert und will sogleich erklären, dass ich im Begriff sei, den Lichtschalter zu suchen, ob er mir vielleicht behilflich ... »Bon soir!«, ruft es erneut aus der Küche. Ich wiederhole meine Entschuldigung, werde wieder unterbrochen, doch jetzt durch den ungewöhnlichen Ausruf »Ça va, vieux crabe!« Ich finde den Schalter. Hell liegt die Küche vor mir. Aus seinem großen Bauer blickt ein Beo keck zu mir herüber.



**rechts** Aus den gewesenen Zeiten Westberliner Tagesreisen.

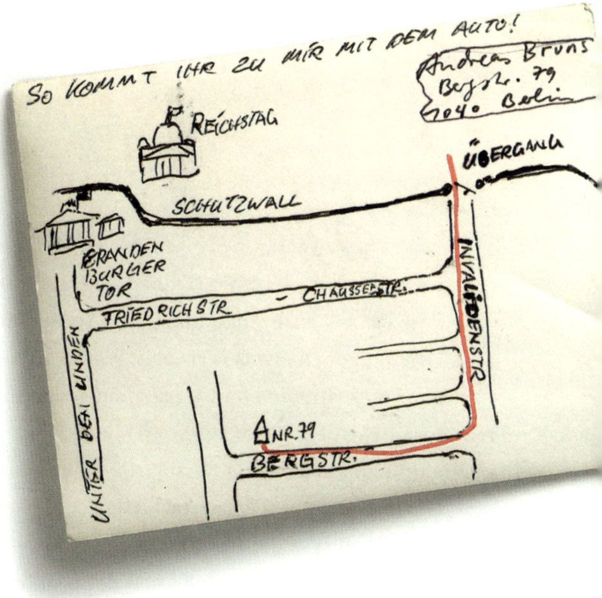


SO KOMMT IHR ZU MIR MIT DEM AUTO!

Schönes Exemplar eines offenen Kassibers. Der Absender hat den Freunden aus Westberlin die Karte mitgegeben, immer gewärtig, dass diese bei der Grenzkontrolle entdeckt werden könnte. Deshalb die ausdrückliche, der DDR-Sprachregelung folgende Bezeichnung »Schutzwall«.

Noch heute ist für mittlerweile ältere Westberliner, welche das ›Eintrittsgeld‹ von 25 DM für eine Tagesreise zu entrichten bereit waren, dieser Grenzübergang an der Invalidenstraße zu spüren. Als würde das Straßenland selbst dem Grenzüberschreitenden in einer Serie von kleinen Stoßwellen oder Narben die physische Erinnerung an die hier gewesene Straße und die den Stadtraum verriegelnde Grenzanlage mitteilen. Dieser Kassiber ist auch noch unter einem anderen Aspekt korrekt: Auf den Karten von Berlin, die es in Ostberlin zu kaufen gab, war Westberlin als ein straßenloses, hellgrün verblasstes Niemandsland verzeichnet.

Der Airbus der SAS aus Stockholm schwebt und kreist wegen ›heavy traffic‹ an einem Freitagabend des Jahres 2001 längere Zeit über Charles de Gaulle II. Der schwedische Fluggast hat bis zum Augenblick der Ansage des Pursers, dass sich die Landung noch etwas verzögern werde, immer wieder in den Unmengen von Zeitungen und Magazinen geblättert, die die Stewardess ihm förmlich auf den Sitz geschüttet hatte. Und wie man einen Blick eben auffängt, hat er seine Nachbarin während immer neuer Umkreisungen in ein Gespräch verwickelt. Rasch ist Gemeinsamkeit festgestellt, zumindest was die bevorzugten Gegenden von Paris anbelangt. Sie erwähnt, dass sie erst seit kurzem im 16.Arrondissement wohnt. Das ist für ihn – »Gunnar«, so hatte er sich kurz vorgestellt – der Startschuss. Ob sie denn das *** kenne, ein ganz hervorragendes Bistro in der Avenue d'Iéna? Und schon kramt er aus seiner Tasche ein Spiralheft und zeichnet erst einmal die sternförmige Straßenanlage, das Spinnennetz der zum Etoile hinführenden Straßen mit einem schwarzen Kugelschreiber (vgl. Abb. S. 10). Und wie in Trance füllt er, wie in einem Strichrätsel, bestimmte Stellen mit Namen und Markierungen aus, nennt die Restaurants, Bars, Bistros und hält ihr wie zur Bestätigung die sich über das Blatt gestreuten Markierungen hin. Sie betrachtet den Zettel längere Zeit und sagt, während sie es im selben Augenblick schon bereut, überhaupt einen Einwand gemacht und den Finger ausgestreckt zu haben, dass diese Avenue doch eigentlich hier verlaufe – und sie deutet die ihre geläufige Richtung an. Gunnar stutzt, dann erkennt er seinen Irrtum, nimmt einen kräftigen Schluck und lässt aus seinem massiven Kugelschreiber eine neue Miene hervorschießen: blau. Mit Blau korrigiert er nun konsequent die bisherigen Straßenverläufe, erläutert auch beredt die jetzt richtigen Verläufe und verschiebt kritzelnd und durchstreichend die vordem markierten

Standorte der von ihm ausgewählten Restaurationen. Er wirkt jetzt sehr erschöpft. Er reißt das Blatt aus seinem Spiralheft, macht noch einen letzten Versuch, die Korrekturen verständlich erscheinen zu lassen und übergibt der Nachbarin das Blatt.



## EIN ORIENTALISCHES BLATT

Die Überlieferungsgeschichte dieses Zettels ist etwas abenteuerlich. Das Blatt stammt aus einem Nachlass.

1979 war Zumthor von D. (sehr wahrscheinlich: Düsseldorf) aus alleine durch Jugoslawien in die Türkei getrampt. Von dort ging es weiter mit dem Bus. In dem großen Bogen zwischen »Türkei« und »Bagdad« verzeichnet der Zettel lediglich »Kurden« – entweder ein euphemistischer Lapsus, den man Zumthor eigentlich nicht zutrauen möchte, oder eine mehr oder minder elegante Umschreibung von bestimmten ›Kontakten‹, wie er es immer nannte. Ungeklärt ist die weitere Reiseroute bzw. das rätselhafte Zwischenstück bis zur Heimreise aus – angeblich – Tunesien. Fraglich ist auch die genaue Bewegung von »Bagdad« über Syrien? – Jordanien?? – Israel??? – nach Kairo. Auch ein Freund aus Kairo, der in einem langen Brief Ende 1979 seine verschiedenen Begegnungen mit Zumthor schildert, weiß oder sagt nichts über diesen Teil der Reise.

Zumthor wollte, soviel steht heute fest, endlich Licht in das Schicksal des Ethnologen Meinardt bringen. (In diesem Zusammenhang könnte das isolierte Zeichen auf der Höhe von Kairo, das wie ein unpunktiertes lateinisches i mit Aufstrich aussieht, auch als ein Namenskürzel – Meinardt hieß mit Vornamen Isbert – gelesen werden). Aus Münster gebürtig und in jungen Jahren in Utrecht lehrend, war Meinardt Mitte der siebziger Jahre an die University of Los

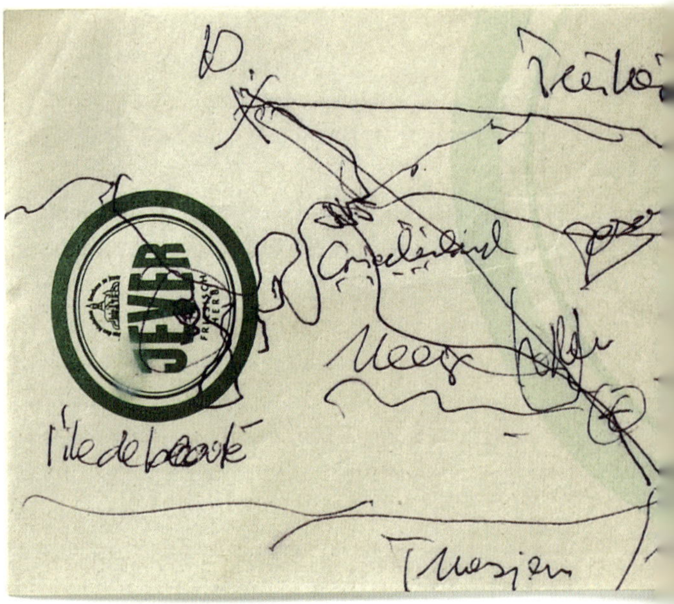
JEVER
Meer

**oben** Dokument einer weiten Reise (mit Lücken).

Angeles berufen worden – ein ungewöhnlicher, ja spektakulärer Karrieresprung.

In Los Angeles war Isbert Meinardt bei seinen Studenten sehr beliebt. Eine iranische Studentin mit betont westlichem Habitus – sie hieß Soraya und stammte aus einer wohlhabenden persischen Familie, die vor Jahren von Saudi-Arabien nach Ägypten übersiedelt war – hatte es Meinardt angetan. Sehr bald wurde ihr Umgang miteinander intim, 1976 heirateten sie standesamtlich in Orange County. Durch einen Vorfall, den Meinardt in einem Brief vage als »etwas sehr Persönliches« umreißt (vermutlich eine Anspielung auf seine heftige Missbilligung von Sorayas Polemik *›Cargo‹ – A Cult, Reconsidered and Refuted?*), wurde die bis dahin herzliche Zuneigung der beiden füreinander dauerhaft überschattet. Eine Kluft tat sich auf, die kaum mehr überbrückbar schien. Hinzukam, dass Soraya seit jenem Vorfall diskret, aber unübersehbar von ihrem westlichen Auftreten abrückte und immer häufiger traditionalistische Meinungen zum Besten gab.

Kurz vor einer gemeinsamen Reise nach Kairo, Ostern 1978, zu Sorayas Eltern hatte Meinardt seiner Frau in einem heiklen Augenblick mitgeteilt, er wolle sich von ihr trennen.

Die beiden wohnten auf Sorayas Wunsch im Cairo Hilton. Am nächsten Morgen – Soraya hatte im Hotel einen Maniküre-Termin wahrgenommen, nachdem sie gemeinsam im großen Frühstücksraum gewesen waren – wurde Isbert Meinardt im Hinterhof des Hotels direkt unterhalb seines Zimmers tot aufgefunden. Ein Fenstersturz. Da keine Spuren einer Fremdeinwirkung festgestellt wurden, deutete alles auf einen Selbstmord hin. Von einem Abschiedsbrief keine Spur.

Soraya gab gegenüber der Polizei an, ihr Mann habe zu Depressionen geneigt, was von den amerikanischen Freunden Meinardts, als diese Aussage Wochen später in den *fait-divers* der *International Herald Tribune* auftauchte, mit ungläubiger Verwunderung zurückgewiesen wurde. Auf eine Nachfrage von Meinardts Mutter teilte die Kairoer Polizei knapp mit, an der Todesursache seien Zweifel nicht angebracht.

Als besonders makaber beschrieb Zumthor die Umstände der Beerdigung Meinardts in Münster. Isbert war, wie Zumthor, protestantisch erzogen. (Allenfalls eine gewisse Neigung zu moralisierenden Urteilen mit einem Stich ins Sarkastische – er bezeichnete sich gelegentlich als »protestantischen Agnostiker« – ließ diese frühe Prägung noch durchscheinen.) Auf dem Münsteraner Zentralfriedhof unweit des Aasees war durch ein kniehohes Mäuerchen ein schmales Areal am nördlichen Ende abgetrennt, »die Kompostecke« hatte Meinardt einmal gespöttelt, und für andere Konfessionen reserviert. Am Tag der Beerdigung hatten sich neben der Mutter (der Vater war im Krieg gefallen), Zumthor und den wenigen hier noch lebenden Verwandten und Jugendfreunden eine große Delegation aus Ägypten und Saudi-Arabien eingefunden: Sorayas Familie. Der Clan war mit einem eigens gecharterten Flugzeug zwei Tage vorher in Düsseldorf eingetroffen und logierte in einem Wasserschloss-Hotel vor den Toren Münsters. Soraya hatte ihre Schwiegermutter, die sie bis dahin nie persönlich kennengelernt hatte, von ihrer Ankunft erst am Vorabend der Beerdigung mit einem Telegramm informiert. Als die Mutter Zumthor bat, ein Treffen mit der Schwiegertochter zu vereinbaren, wurde er im Hotel von einem Verwandten mit der Auskunft beschieden, Soraya fühle sich nicht wohl. Die Münsteraner Trauergäste versammelten sich am offenen Grab. Der Pfarrer, ein ehemaliger Schulfreund des Verstorbenen beschrieb die Umstände des Todes als »überaus tragisch« – ohne den fragwürdigen Selbstmord zu erwähnen. Weiter vom Grab entfernt als die übrigen Trauergäste hatte sich, wie Zumthor sagte, »die schweigende orientalische Gesellschaft« versammelt. Als die Zeremonie beendet war, trat Soraya in Begleitung ihres Bruders auf die Mutter zu, kondolierte stumm und entfernte sich mit ihrer Entourage.

25. August 1998, gegen elf Uhr vormittags. Es liegt auf einem grün lackierten, sonnenbeschienenen Tisch vor McDonald's, das in einer Ladenzeile der mächtig ausladenden, halbrunden Gründerzeitmonstren unweit der Stazione Termini untergebracht ist, wo noch vor wenigen Jahren ein weitläufiges Caféhaus den Müßiggänger gelockt hat, ein kleines gefaltetes Blatt. Die Tischplatte ist leer, der Tisch nicht besetzt. Das Blatt herrenlos. Ich nehme Platz, sehe mich um, warte. Es kommt niemand vorbei, der das Blatt wieder an sich nehmen möchte. Ich greife zu, entfalte es, lese. Ein Brief. Ohne Umschlag, ohne Absender, ohne Abschiedsgruß. Fehlt ein Blatt?

Auffällig, auf den ersten Blick, neben der für einen persönlichen Brief ungewöhnlichen Landesangabe – ITALIA in Versalien (anstatt der Ortsangabe) – und die doppelte Datumsangabe in römischen und arabischen Ziffern. Unbeholfene, schmückende, kalligrafisch verrutschte Soffitten. Doch für welche Bühne, welches Stück?

[*Seite 1*]

ITALIA MCMXCVIII

Sonntag, den 22. August 1998

Liebe Rosi, ich habe deine schönen Briefe gelesen und ich verstehe alle deine Gedanken gut. Ich bin glücklich, dass Du im Oktober kommen wirst, diese Nachricht erfreut mich wirklich. Rosi, in dieser [*Jahres-*]Zeit arbeite ich nicht, ich ruhe mich aus, es ist zu heiß und dann, wie Du kennst [*weißt*], habe ich Probleme mit den Zähnen gehabt. Also ruhe ich mich aus und verbringe [*einige*] die Tage in Rom, einige Tage am Meer und noch einige weitere Tage im Landhaus, wo jetzt meine Mutter und meine beiden Schwestern mit ihren jeweiligen Familien sind.

**rechts** Viele Worte und …

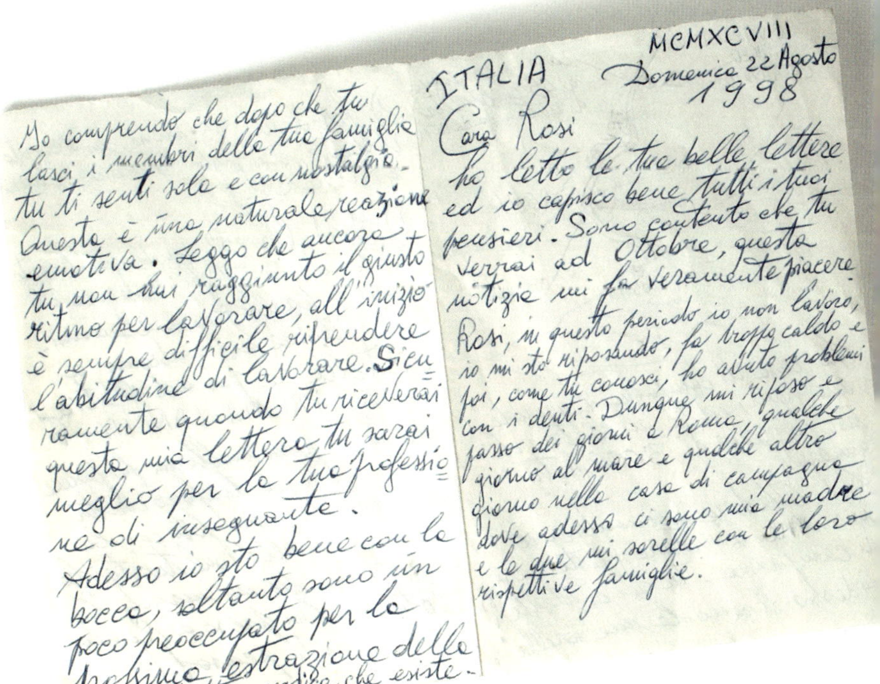

MCMXCVIII

ITALIA Domenica 22 Agosto 1998

Cara Rosi

ho letto le tue belle lettere ed io capisco bene tutti i tuoi pensieri. Sono contento che tu verrai ad Ottobre, questa notizie mi fa veramente piacere.

Rosi, in questo periodo io non lavoro, io mi sto riposando, fa troppo caldo e poi, come tu conosci, ho avuto problemi con i denti. Dunque mi riposo e passo dei giorni a Roma, qualche giorno al mare e qualche altro giorno nella casa di campagna dove adesso ci sono mia madre e le due mi sorelle con le loro rispettive famiglie.

Io comprendo che dopo che tu lasci i membri della tua famiglia tu ti senti sola e con nostalgia. Questa è una naturale reazione emotiva. Leggo che ancora tu non hai raggiunto il giusto ritmo per lavorare, all'inizio è sempre difficile riprendere l'abitudine di lavorare. Sicuramente quando tu riceverai questa mia lettera tu sarai meglio per la tua professione di insegnante.

Adesso io sto bene con la bocca, soltanto sono un poco preoccupato per la prossima estrazione della maledetta radice che esiste-

[*Seite 2 mit Skizze*] Das Landhaus ist groß, zwei Stockwerke, und steht inmitten eines Grundstücks von 3000 Quadratmetern. Im Oktober werden wir zusammen hinfahren, um dieses Landhaus zu besichtigen. Bist du zufrieden? Jetzt sind dort meine Schwestern:

[*Seite 3*] 1) Loredana, 55 Jahre, mit ihrem Mann Alberto, und den Kindern: Simone 20 und Silvia 26.



2) Isabella, 52 Jahre, mit ihrem Ehemann Rolando und den Kindern: Sabrina 26 und Carlo junior 21. Im Oktober werden wir nach Civitella und dann nach Ostia mit dem PRISMA-LANCIA → fahren. Dass Du viel an mich denkst, freut mich, und ich habe am Telefon gehört, dass du mein Foto mit den »Pferdeköpfen« auf Deinen Tisch gestellt hast. Ich warte darauf, dass du mir die Fotos schickst, die Du in Rom gemacht hast. Auch ich denke an Dich!!

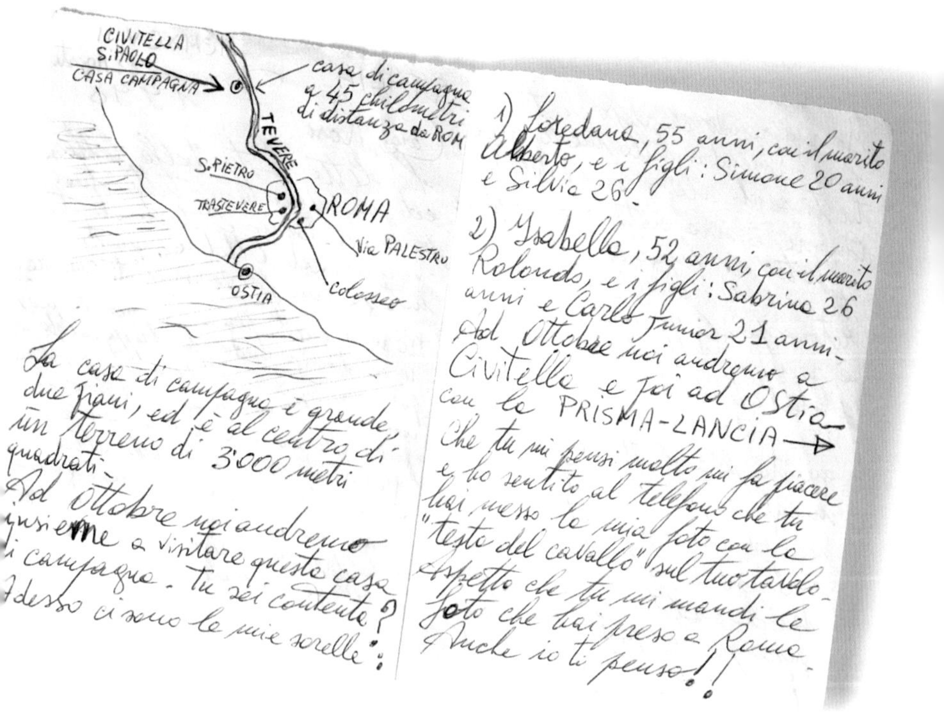


La casa di campagna è grande due piani, ed è al centro di un terreno di 3.000 metri quadrati. Ad Ottobre noi andremo insieme a visitare questa casa di campagna. Tu sei contenta? Adesso ci sono le mie sorelle:

1) Loredana, 55 anni, con il marito Alberto, e i figli: Simone 20 anni e Silvia 26.

2) Isabella, 52 anni, con il marito Rolando, e i figli: Sabrina 26 anni e Carlo Junior 21 anni.

Ad Ottobre noi andremo a Civitella e poi ad Ostia con la PRISMA-LANCIA →

Che tu mi pensi molto mi fa piacere e ho sentito al telefono che tu hai messo la mia foto con la "testa del cavallo" sul tuo tavolo. Aspetto che tu mi mandi le foto che hai preso a Roma. Anche io ti penso!!

**oben** … der Weg ans Meer.

[*Seite 4*] Ich verstehe, dass Du, nachdem Du Deine Familienmitglieder verlässt [*verlassen hast*], Dich allein und voller Sehnsucht fühlst. Das ist eine natürliche Gefühlsreaktion. Ich lese [*auch*], dass du noch nicht den richtigen Rhythmus zum Arbeiten gefunden hast; am Anfang ist es immer schwierig, die Gewohnheit zu arbeiten wieder aufzunehmen. Sicherlich wirst Du, wenn Du diesen meinen Brief erhalten wirst, besser für Deinen Lehrberuf [*gerüstet*] sein.



Jetzt geht es mir mit dem Mund gut, wenngleich ich ein wenig besorgt bin wegen der nächsten Extraktion der verdammten Wurzel, die immer noch da ist. [*bricht ab*]

War Rosi nach Rom gekommen und hat am Bahnhof auf ihn gewartet? Wollte sie ihn in Rom, vielleicht in der Via Palestro überraschen, und ist, als sie ihn dort nicht vorfindet, wieder enttäuscht nach Hause gefahren? (Auf naive Weise grandios ist die eingerückte Zeichnung, der Lageplan des Landhauses in Civitella und in Relation hierzu die Reduktion Roms auf vier Orte: S.Pietro, Trastevere, Colosseo und die Via Palestro, Orte und Gegenden, die er ihr vermutlich gezeigt hat, wobei die Via Palestro in diesem Zusammenhang eigentlich nur die Straße bedeuten kann, in der er wohnt).

Offenbar ist sie von zu Hause weggezogen, um anderswo eine Stelle als Lehrerin anzutreten. Kühn mutet die Gewissheit des Schreibers an, dieser Brief könne sie über die plötzliche Entwöhnung oder Entbehrung hinwegtrösten.

Handschrift, Orthografie und Wortwahl lassen vermuten, dass der Briefschreiber ein wenig aus der Übung ist. Ihm unterlaufen kleine Schnitzer, die typisch sind für Menschen, die überwiegend Dialekt sprechen. Fluss und Habitus seiner Kurrentschrift deuten auf eine sichere Hand hin, d. h., er wird beruflich (sofern er überhaupt einen Beruf ausübt) oder im Alltag immer wieder schreiben, selten jedoch mit der Niederschrift persönlicher Briefe befasst sein. (Man kann förmlich hören, wie er die Sätze halblaut vor sich hinspricht, ehe er sie zu Papier bringt.)

Auffällig die durch Großschreibung hervorgehobene Erwähnung des Prisma Lancia und der vermutlich eine rasante Fahrt andeutende Pfeil hinter der Automarke. Offenbar will er damit Rosi nicht nur mächtig beeindrucken, sondern auch seinen Besitzerstolz ganz unverstellt hervorkehren.

Wie lange kennen Sie sich überhaupt, wenn er ihr so ausführlich seine übrige Familie vorstellen muss (und will)?



Vermutlich haben sie sich bis zu diesem Zeitpunkt (Ende August 1998) nur ein einziges Mal in Rom gesehen. Rosi muss arbeiten, er nicht. Er beschäftigt sich ausführlich und nicht eben diskret mit seinem Zahnleiden und erinnert sie gleich zweimal an diese Unpässlichkeit, wohl in der Hoffnung, Rosi werde ihn gehörig bemitleiden, wenn er ihr seine Ängste (Wurzelextraktion) nur drastisch genug schildere.

Vergangenes und Künftiges sind auf dem Plan verzeichnet. Rom war, Ostia und Civitella sollen sein. Wenn aber Rom auf diese vier Sehenswürdigkeiten und Erinnerungspunkte geschrumpft ist, liegt es dann nicht nahe, dass Rosi von weiter herkommt, dass sie vielleicht bis dahin nie in Rom gewesen ist? Und das im Brief erwähnte Foto mit den »Pferdeköpfen«? Welches Reiterdenkmal oder welches Relief könnte damit gemeint sein, vor dem er sich hat fotografieren lassen? Dem Alter der Schwestern nach zu urteilen, ist er ein Mann um die fünfzig, Rosi hingegen erheblich jünger: Sie verlässt gerade das Elternhaus, tritt eine Stelle als Lehrerin an.

Was aber hat den Anstoß gegeben, diesen Brief oder zumindest einen entscheidenden Teil des Briefes – absichtlich? – liegen zu lassen? Seine Angeberei mit dem Landhaus, mit dem Lancia und der Aussicht auf eine Spritztour nach Ostia? Wollte Rosi sich davon nicht (mehr) beeindrucken lassen?

Unwillkürlich kommt mir *Il Bidone* von Fellini in den Sinn, nicht so sehr wegen des Inhalts, sondern wegen des Klimas der falschen, großspurigen Versprechungen.

»She had quality, he had none«, heißt es am Ende der Erzählung *In Isfahan* von William Trevor.

Und wenn er den Brief gar nicht abgeschickt hat?

Ein Mediävist, der sich viel mit dem Verhältnis von Oralität zu Schriftkultur befasst, hat einen Blick auf »Cara Rosi« geworfen: »Ich schätze den Absender auf eher 60 als 50 (halte ihn also nicht für nachgeboren, nach seinen Schwestern). Aber das hat Folgen: für die Handschrift, für das gedankliche Niveau, die Reihenfolge der Mitteilungen. Er ist nicht sonderlich helle, nicht literat (eher ungeübt). Kann sich nicht entfaltend ausdrücken. Eher ungelenk. Stellt eigentlich nur fest, wiederholt teilweise. Alles ganz unvermittelt. Alles anderer als ein feinsinniger Frauenheld. Mal angenommen, das Stück wäre ein Entwurf, und die Rosi hätte den ›richtigen‹ Brief bekommen: sie täte mir leid. Was der Typ schreiben kann, ist wirklich kein gefühlstragender Stil (und Stoff). Animiert nicht. Ist nicht intim. Zielt nicht auf die affektive Herausstellung der guten Rosi ab, macht sie nicht zu ›seiner‹ unverwechselbaren Rosi.

Er setzt seine Mitteilungen durch neuen Zeilenbeginn doch deutlich voneinander ab.

Was er über seine Familie mitteilt, beweist, dass er die Rosi noch nicht lange kennen kann. Ob deren Lebensveränderungen – Familientrennung, Beruf – mit ihm zu tun hat? Ist sie da in etwas reingerasselt, was er nun beschwichtigen und schönen muss? Nicht nur eine Bekanntschaft, sondern eine Krankheit, die sie zur Unterbrechung ihrer Arbeit gezwungen hat?

Auf jeden Fall scheint sie ihn mit Briefen (und Telefonaten?) überschwemmt zu haben, er sieht sich regelrecht verpflichtet, darauf einzugehen.«

Old boat

Wo es in diesem Ort mit seiner riesigen Universität, der Missoula State University, einen *bookshop*, mit *antiquarian books* gäbe, frage ich in meinem kleinen Hotel. Sie wolle ihren Mann holen, sagt mir die freundliche ältere Dame an der Rezeption, der kenne sich mit Büchern und *such stuff* aus.

Im Hotel ist es sehr still. Unmittelbar vor dem Fenster ist für einen Augenblick ein *jay hawk* zu sehen, schon ist er keckernd verschwunden.

»Sie suchen nach alten Büchern«, fragt mich der alte Herr. »Ich zeige Ihnen, wie Sie dahin kommen. Fünf Minuten von hier.«

»Mit dem Wagen?«

»Wie meinen Sie?«

»Fünf Minuten, wenn ich mit dem Wagen fahre.«

»Ja, wie denn sonst?«

»Zu Fuß.«

»Warum zu Fuß?«

»Weil ich kein Auto habe.«

»Weil Sie kein Auto haben«, wiederholt er fast besorgt. »Dann bestell ich Ihnen ein Taxi.«

»Danke. Ich würde gern zu Fuß gehen.«

»Sie würden gerne zu Fuß gehen.«

Er steht jetzt hinter dem Tresen der Rezeption und sucht nach einem Block, einem Stück Papier.

»Ich werde es Ihnen aufzeichnen.«

Er macht ein paar Striche, reißt dann das Blatt vom Spiralblock und reicht es mir herüber.

»Sie gehen aus dem Hotel, biegen scharf nach rechts in die nächste Straße ein und gehen dann schnurgerade aus, bis Sie zu der Tankstelle mit dem halbrunden Dach kommen. Die nächste Straße

**links** Weiter Weg zu alten Büchern.

nach der Tankstelle biegen sie wieder rechts ab, die nächste größere dann nach links. Nach ein paar hundert Metern oder so stoßen Sie auf einen *bookshop*, er heißt The Raven's Nest. Wenn Sie Zeit haben, können Sie sich noch unser kleines Theater anschauen. Ist nicht sehr weit vom *bookshop* entfernt. Es ist sehr schön. Wird aber nicht mehr bespielt. Soll ein Supermarkt werden.«



»Und wie lange werde ich ...«

»Wie gesagt, mit dem Auto höchstens fünf Minuten.«

»Ja, das sagten Sie schon. – Vielen Dank.«

Der Weg zu dem mit »Old Books« eingekreisten Ort sollte sehr lang werden. Der alte Herr hatte wohl unabsichtlich die Strecke, die zu der von ihm bezeichneten Tankstelle führte, gar nicht erst skizziert. Ehe ich die von ihm gemeinte Tankstelle erreicht hatte, war ich einige Male kurz davor wieder umzukehren, weil ich schon an zwei Tankstellen vorbeigekommen war, die mich vermuten ließen, die folgende Abzweigung würde mich auf die richtige Straße führen. Das geometrische Raster, wie es hier ausgebreitet war, ist für Fußgänger ermüdend und deprimierend. Es gab kaum ein besonderes Merkmal, etwas Irreguläres, Auffälliges, woran ich mich hätte orientieren oder das mir hätte anzeigen können, wie weit und lange ich noch zu gehen hätte. Nach etwa einer halben Stunde war ich überzeugt, dass ich in die Irre gegangen war. Ein Bahngleis querte meine Straße. Aus großer Ferne hörte ich die Pfeifsignale eines näherkommenden Zuges. Die Luft vibrierte von den scharfen, langen Pfeiftönen. Das dumpfe Geräusch des immer noch unsichtbaren Zuges schien noch so weit entfernt, dass ich mich entschloss, meine Lochkamera aufzubauen. Die Stelle, an der die Schienen die Straße kreuzte, schien mir so trostlos, dass ich sie nicht unbemerkt hinter mir lassen wollte.

Den dunklen Holzkasten der Ribgy-Pinhole auf das Stativ gesetzt, die Kassette an die Rückwand geklemmt, den Verschluss geöffnet, die Trennscheibe vor dem großen Negativ herausgezogen, den Blick auf die Uhr gerichtet. Der Schatten des Pylonen mit dem schrägen

Schrankenkreuz lag wie mit schwarzer Tusche ausgezogen auf dem hellen Pflaster. Der Zug, ein sehr langer Güterzug, kam rumpelnd näher. Noch einmal ertönten drei lange Pfiffe, dann schoben sich die von zwei riesigen Loks gezogenen Güterwaggons in einer schier endlosen Prozession vorüber. Nach dem fünfzigsten Waggon hörte ich mit dem Zählen auf. Als der Zug vorüber war, ließ ich noch eine halbe Minute das Licht durch die winzige Öffnung (Blende $^{1}/_{164}$) sickern.

Eine weitere halbe Stunde hatte ich noch zu gehen – »mit dem Auto höchstens fünf Minuten!« –, bis ich vor The Raven's Nest stand. Ding-Dong! und hinein und einen langen Flur hinab, dessen ganze Tiefe und seitliche Verzweigungen sich Schritt für Schritt zu erkennen geben. In den Regalen ausschließlich Americana. Ein Antiquariat zum Träumen. Kein Besucher weit und breit. Der Besitzer ein freundlicher Mann in meinem Alter, Hippie gewesen, Hippie geblieben. Züge einer Crumb-Figur.

Als ich Wochen später den Film abhole, ist, wie zu erwarten war, auf dem Bild des Bahnübergangs von dem langen vorübergleitenden Güterzug keine Spur zu sehen. Ob es Tiere oder Pflanzen gibt, die auf diese Weise nur die verharrenden Dinge sehen, während die bewegten für ihre Wahrnehmung (der Beute, des Feinds) vollkommen unerheblich sind?

## »HERE I LIVE« – PRAG IM WINTER

Miriam schickt aus Prag eine Papiertüte. Zart über das Blatt verteilt sind die Namen einiger Metrostationen (M), die durch das unterirdische Prag führen. Sie ist von der Kleinseite, unweit des monströsen Fernsehturms (»HERE I LIVE«) über die Moldau (Vltava) gewandert (»NOW HERE«), nein sie hat die Moldau unter-

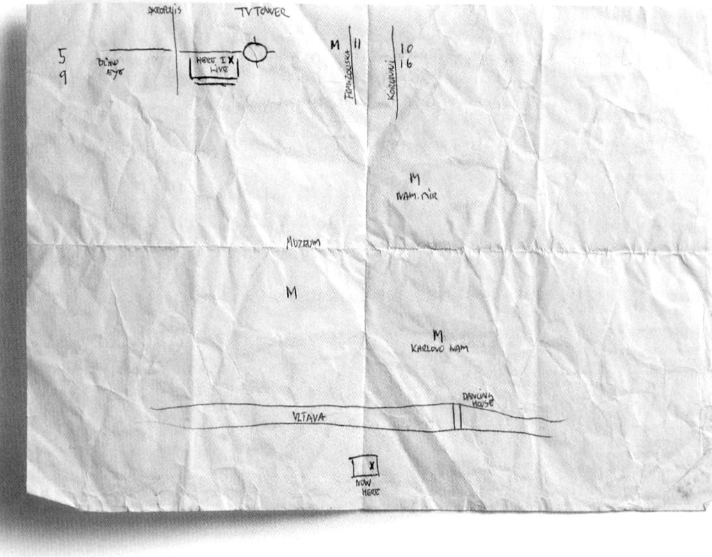

TV TOWER
5
9
HERE I X
LIVE
M
11
10
16
M
NAM. MIR
MUZEUM
M
M
KARLOVO NAM
DANCING
HOUSE
VLTAVA
X
NOW
HERE

wandert. Der Plan könnte ausgedünnter und abstrakter nicht sein. Ein Skelett, dessen relevante Teile, wie dies ganz natürlich scheint, überwiegend unter der Erde liegen. Tief, sehr tief unter der Moldau verläuft der Tunnel zwischen den beiden Stadthälften. Nirgendwo in der Welt bin ich so langen und so steilen Rolltreppen begegnet.

Als ich sie zum ersten Mal, Anfang der achtziger Jahre sah und mit ihr fuhr, fiel mir die ungewöhnliche Geräumigkeit und das nüchterne, überwiegend monochrome Design der Bahnhöfe und der Züge auf. Der Luxus des öffentlichen Raums war hier sichtbar geworden.



Schwere Moskauer Triebwägen. Metallisch schmetternd verkündet die Lautsprecheransage die Stationen, als müssten die Fahrgäste geweckt und die jeweils erreichten Orte jedes Mal von neuem an ihren unverbrüchlichen Namen erinnert werden.

Die Zeichnung hat aber auch eine gespenstische Seite: Die Stadt Prag mit ihren Straßen und Plätzen ist auf dem Blatt verschwunden. Wie Erinnerungsüberbleibsel ragen die Namen der Metro-Stationen und das (eigentlich geschwungene) Band der Moldau aus einem ansonsten leeren Blatt hervor. Eine riesige Schneedecke hat sich über die Stadt gelegt. Prag zur Eiszeit.

Einmal, ein einziges Mal, im Winter 1982 habe ich die Stadt wie unter Schnee getarnt erlebt. Das Filmarchiv, in dem ich nach den Filmen fahndete, die ein ›deutschsprachiger Schriftsteller‹ mit seinen Freunden bis 1914 hier und auf Reisen gesehen hatte, war ein unscheinbarer Bau, der jetzt von großen Schneewehen fast verschluckt wurde. Nur ein riesiger Kohlehaufen neben der Eingangstür machte sich grafisch noch bemerkbar.

Damals war es auch, dass eine ungewöhnliche Meldung die Welt der Stummfilmforscher aufhorchen ließ. In Klondike, im nördlichen Kanada, habe man bei Bauarbeiten auf einem lange Zeit verlassenen Grundstück, genauer gesagt: in dem seit langem verwaisten Swimmingpool des ehemaligen Besitzers unter einer Schnee- und Eisdecke einige hundert Filmbüchsen gefunden, die meisten von ihnen

**links** Am Grunde der Moldau.

in relativ gutem Zustand, weil sie in mehrere Lagen Ölpapier eingewickelt worden waren. Diese Filme – etwa 10 Prozent waren in der langen Kältezeit geschrumpft – waren dort deponiert und schließlich vergessen worden, nachdem der Verleihbetrieb, der ursprünglich in den Norden Kanadas hinauf- und wieder in den Süden zurückgeführt hatte, Anfang der zwanziger Jahre zusammengebrochen und am nördlichsten Punkt, in Klondike, zum Erliegen gekommen war – als unmittelbare Folge des versiegenden Goldrauschs. Man werde die Filmgeschichte – dieses Phantom der Archive – neu schreiben müssen, hieß es in einer ersten Verlautbarung. In einer metaphorischen Extrapolation könnte man die ausgedünnte Prag-Karte auch als die bildhafte Darstellung einer Film-»Lücken«-Geschichte betrachten.



## DIE NORDUNG – ZWEI BLÄTTER AUS BEIJING

Der Berliner Architekt, der mir diese beiden Blätter geschenkt hat, kann sich nur noch vage an das, wie er sagt, »Problem« erinnern, das diesen Skizzen eingeschrieben ist.

Das erste Blatt – »Himmels Temple« (die Handschrift stammt von seinem chinesischen Begleiter) – schien auf den ersten Blick vollkommen klar und übersichtlich, so eindeutig und akkurat, dass man es jederzeit verwenden könnte, vorausgesetzt man fände den Ausgangspunkt wieder (kleiner Kreis am Ende des leicht z-förmigen Weges). Doch kaum hatte der chinesische Begleiter ihm das Blatt ausgehändigt, wollte er es zurückhaben, um eine entscheidende Korrektur anzubringen: die Nordung. In allen Karten weist das N nach oben bzw. die Nordrichtung gibt den Pfeil vor, nach dem alles ausgerichtet (genordet) wird. Offenbar hatte der Zeichner die Himmelsrichtung in der Eile beim ersten Mal verwechselt, also überschrieb er

**rechts** Norden und Süden kann man nicht verwechseln?

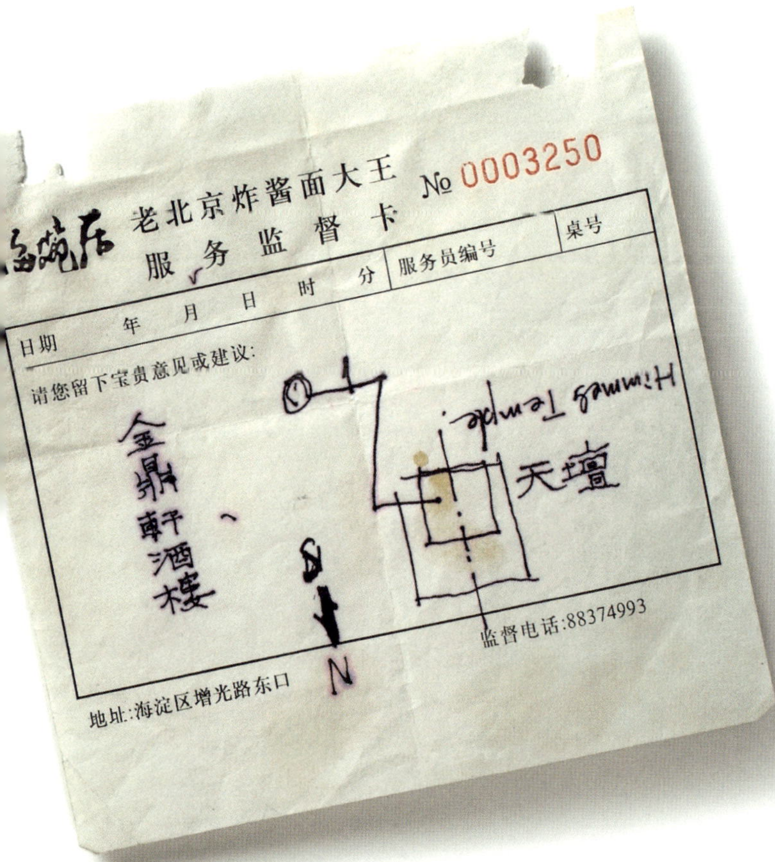
老北京炸酱面大王
№ 0003250
服务监督卡
桌号
服务员编号
日期 年 月 日 时 分
请您留下宝贵意见或建议:
金鼎轩酒楼
天壇
Himmels Temple
N
监督电话:88374993
地址:海淀区增光路东口

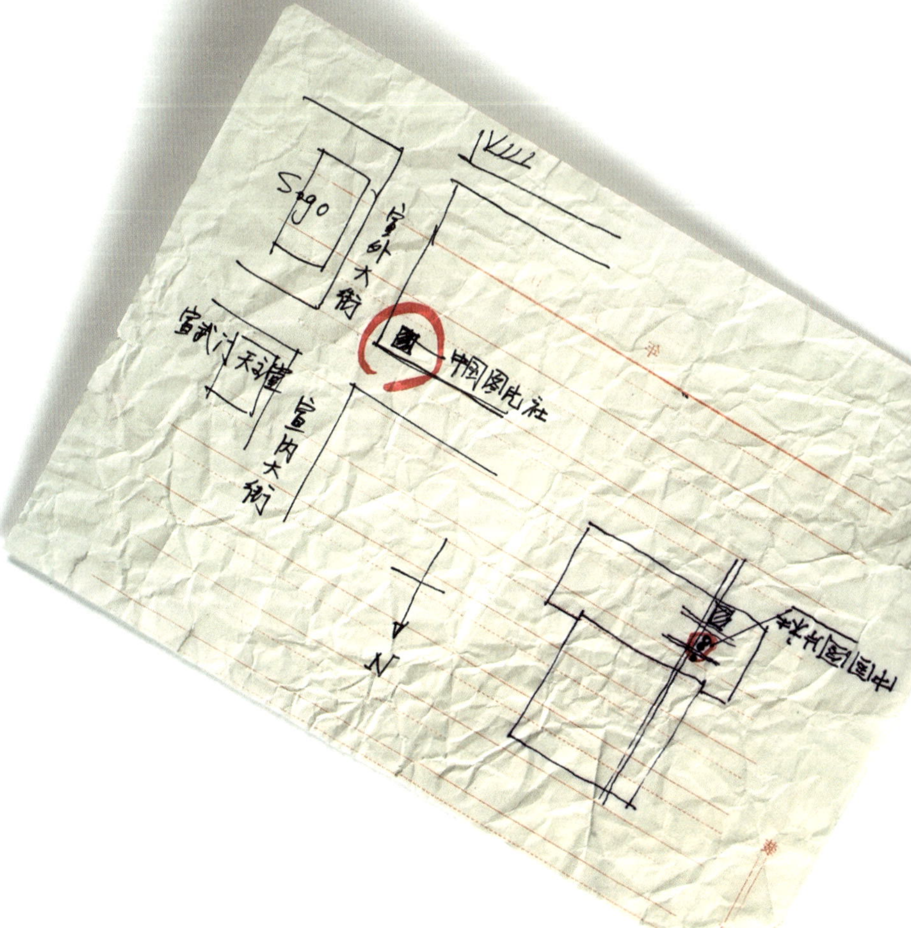
Sogo
宣外大街
宣武门天主堂
中国图片社
宣内大街
N

das unten stehende N mit einem S, strich das darüber stehende S aus und setzte ein N darüber.

Dr. Tao Jian, Bibliothekar an der Freien Universität Berlin, erläuterte, dass das über »Himmels Temple« stehende Ideogramm genau diesen bezeichne, während die fünf Zeichen auf der rechts daneben das Pekinger Restaurant Jindingxuan beträfen. Das nummerierte Blatt (ein Lieferschein) stamme von dem Firmenblock eines Nudelherstellers.



Auf dem zweiten Blatt hatte, nach der Erinnerung des Architekten, der Reiseführer, um ganz sicher zu sein, die Nordung als Erstes eingetragen. Die Zeichnung auf der rechten Blatthälfte mit dem Ideogramm für den Zhongguo tupian she (Chinesischer Bilder-Verlag) war zu klein geraten, weshalb der Verfasser sie noch einmal größer gezeichnet und mit Nennung der Straße Xuanwai dajie (Xuanwai-Straße) – »ich kenne diese Straße«, sagte Dr. Tao Jian am Telefon wie zur Bekräftigung der Richtigkeit des Gezeichneten – und dem Hinweis auf eine Kirche Xuanwumen tianzhu tang (Kirche am Xuanwu-Tor) versehen hatte – »kein Eigenname, sondern eine Ortsbezeichnung, wie Dahlem-Dorf-Kirche«, ergänzte Dr. Tao Jian.

Was »Sago« oder »Sogo« (in der rechten unteren Ecke) bedeutet, vermochte Dr. Tao Jian nicht zu sagen.

Als er seine Zeichnung detailliert und beschriftet hatte, fiel dem Reisebegleiter sein Irrtum auf: Wieder hatte er Norden und Süden verwechselt! (Ob es wohl, ähnlich wie die Rot-Grün-Blindheit, auch physiologische Nord-Süd-Desorientierung gibt? Manche Pläne legen dies nahe.) Er wollte sie aber nicht erneut überschreiben und korrigieren, deshalb entschloss er sich zu einem ungewöhnlichen Zeichen-Trick. Er zog einen fast geschlossenen Kreis um das gesuchte Objekt und gab dem erstaunten Architekten zu verstehen, dass er das Blatt nur um 180 Grad zu drehen brauche, um es richtig zu lesen.

Auf diesen beiden Blättchen sind die Ingredienzien für einen Kriminalroman von Robert van Gulik versammelt:

**links** Mit falscher Nordung und rotem Wende-Kreis.

Ein Tempel
Ein Nudelhersteller
Ein Bilderverlag
Eine Telefonnummer
Eine laufende Nummerierung
Eine Straße
Eine Kirche.



Es fehlen nur das Personal und lebensnah mit diesem verbunden: ein Verbrechen. Doch ist nicht auszuschließen, dass diese in den Ideogrammen Unterschlupf gefunden haben.

## CONTREMARQUE

Unauffindbar bleibt der Benutzer dieser Contremarque 2 e cl. Der Geltungsbereich ist sehr wahrscheinlich Montpellier, wo eine Pont de Sète in eine rue Frédéric Peysson mündet.

Der Anlass – an einem 11. Juli – Samstag – (des Jahres?) – könnte (30 Francs, spätestens 22 Uhr) ein Konzert, eine Lesung, ein Vortrag gewesen sein. Im Haus Nummer 15 befindet sich das Büro des Patrimoine d'Architecture, die Denkmalschutzbehörde der Stadt Montpellier. Navigiert man mit Google Earth über die Stadt bis zum angegebenen Straßenausschnitt hinunter, sieht man, sehr unscharf, ein baumbestandenes Grundstück, das aber eindeutig nicht an der in der Zeichnung doppelt (!) markierten linken Ecke liegt (»c'est là«), sondern sehr viel tiefer in der Straße – auf der rechten Seite. Aber es will sich partout keine Erinnerung einstellen, die – sei es durch den Ort, die Handschrift, das Datum oder die »Kontrollkarte« – mir auf die Sprünge helfen und enthüllen würde, was sich dort zugetragen hat.

**rechts** Erinnerungsstück – ohne Erinnerung.

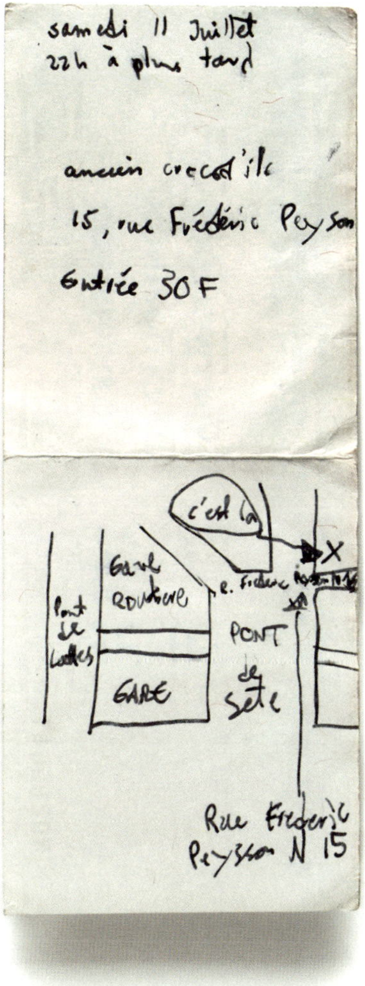
samedi 11 Juillet
22h à plus tard
ancien crocodile
15, rue Frédéric Peyson
Entrée 30F
c'est là
Gare routière
Pont de Lattes
GARE
PONT de Sete
Rue Frederic Peysson N 15

CIV 87
N° 14954208
CONTREMARQUE
KONTROLLKARTE
CONTROMARCA
1e CL. KL.
2e CL. KL.
VALABLE SEULEMENT AVEC LE BILLET COLLECTIF
NUR GÜLTIG IN VERBINDUNG MIT DEM SAMMELFAHRSCHEIN
VALEVOLE SOLTANTO CON BIGLIETTO COLLETTIVO
N°
7016 01416 7

P.S.: Erstaunlich der orthografisch korrekte rückseitige Aufdruck »GÜLTIG NUR IN VERBINDUNG MIT DEM SAMMELFAHRSCHEIN«. Selbst die Pünktchen wurden dem U noch (handschriftlich) eingefügt. Hier muss ein (deutschsprachiger) Fachmann für den öffentlichen Nahverkehr am Werk oder eine Vorlage zur Hand gewesen sein, die genau beachtet wurde. In der Regel darf man auf derartigen ausländischen administrativen Druckwerken schöne Stilblüten erwarten. Erstaunlich auch, dass es keinen Aufdruck in englischer Sprache gibt.



Wozu dient aber die »Kontrollkarte«, wenn sie nur »in Verbindung mit ...« gültig ist? Wen oder was kontrolliert sie?

**links** Man beachte die handschriftlichen ü-Tüpfelchen!

Herausgeber: Deutsches Literaturarchiv Marbach
Redaktion: Dietmar Jaegle
Ausstattung: Diethard Keppler und Stefan Schmid
Gesamtherstellung: Offizin Chr. Scheufele, Stuttgart
ISBN 978-3-937384-38-2

Die Deutsche Schillergesellschaft wird gefördert
durch die Bundesrepublik Deutschland,
das Land Baden-Württemberg, den Landkreis Ludwigsburg
und die Städte Ludwigsburg, Marbach am Neckar
und Stuttgart.

Das vorliegende Marbacher Magazin erscheint zu
FLUXUS 7: ›I Wouldn't Start from Here‹
Literaturmuseum der Moderne, Marbach am Neckar,
26. September bis 14. Dezember 2008

*Umschlag und Fotos S. 4 und 16:* Keppler | Schmid
*Fotoarbeiten:* DLA Marbach (Chris Korner)

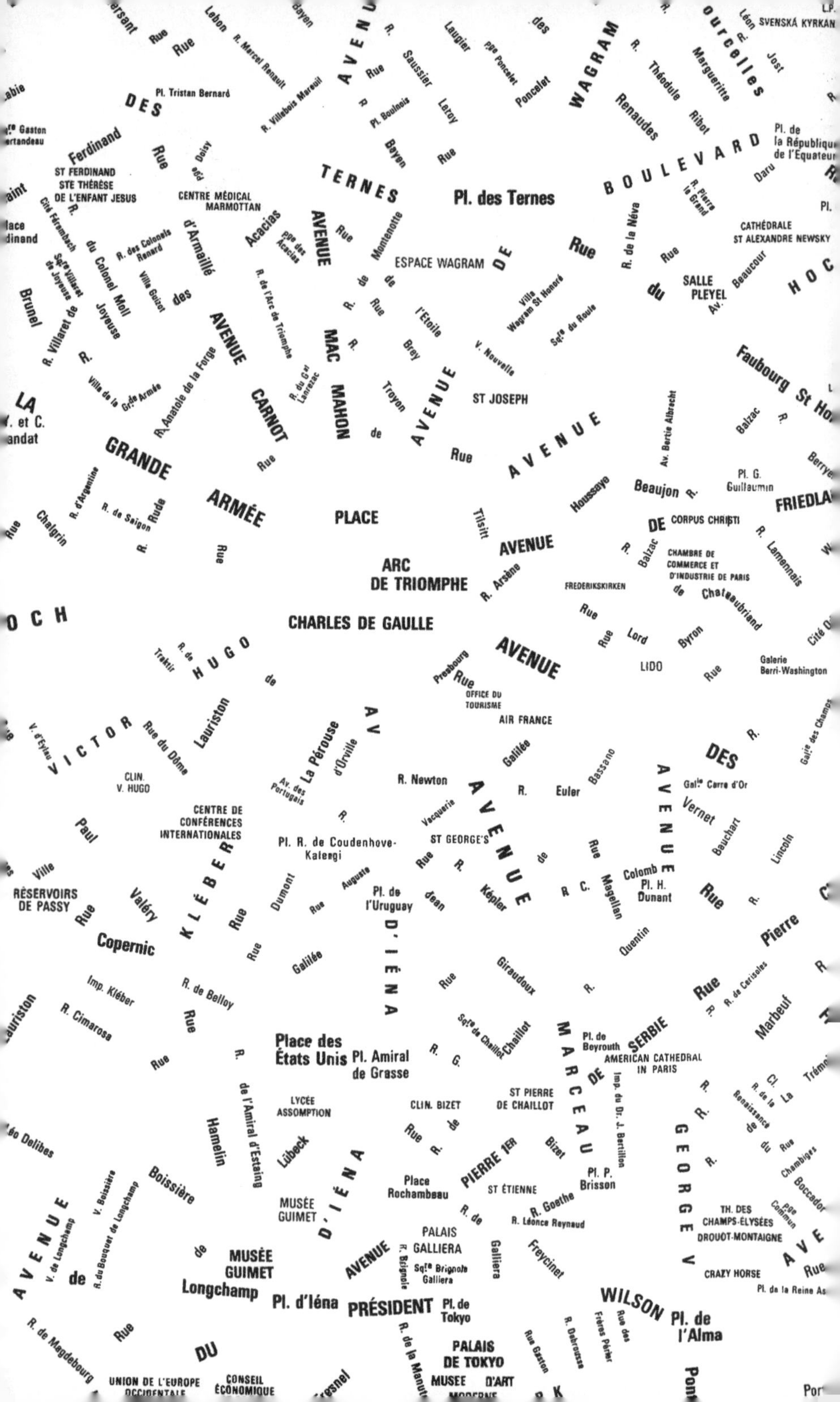

Rue
Lebon
Bayen
R. Marcel Renault
Pl. Tristan Bernard
DES
R. Villebois Mareuil
AVENUE
Rue
R.
Pl. Boulnois
Saussier
Laugier
pge Poncelet
Poncelet
Leroy
des
WAGRAM
R.
Théodule
Ribot
Renaudes
Marguerite
ourcelles
Léon
Jost
SVENSKÅ KYRKAN
Pl. de la République de l'Equateur
BOULEVARD
Daru
Sqre Gaston Bertandeau
Ferdinand
Rue
Doisy
pge
Bayen
Rue
TERNES
Pl. des Ternes
ST FERDINAND
STE THÉRÈSE
DE L'ENFANT JESUS
CENTRE MÉDICAL
MARMOTTAN
Cité Férembach
R.
Place Ferdinand
du Colonel Moll
R. des Colonels Renard
d'Armaillé
Acacias
pge des Acacias
AVENUE
Rue
de Montenotte
ESPACE WAGRAM
DE
Rue
R. de la Néva
R. Pierre le Grand
CATHÉDRALE
ST ALEXANDRE NEWSKY
Rue
SALLE PLEYEL
Av. Beaucour
HOC
du
Sqre Villaret de Joyeuse
Villa Guizot
des
Joyeuse
Brunel
R. Villaret de
R. de l'Arc de Triomphe
R. de
Rue
de
l'Etoile
Villa Wagram St Honoré
Sqre du Roule
AVENUE
MAC MAHON
R.
Brey
V. Nouvelle
Faubourg St Ho
R.
Villa de la Gde Armée
R. Anatole de la Forge
CARNOT
R. du Gal Lanrezac
Troyon
AVENUE
ST JOSEPH
Av. Bertie Albrecht
Balzac
R.
LA
V. et C. Mandat
GRANDE
ARMÉE
Rue
de
Rue
AVENUE
Berryer
Pl. G. Guillaumin
Beaujon
R.
Houssaye
FRIEDLA
R. d'Argentine
R. de Saigon
Rude
Rue
Chalgrin
R.
PLACE
Tilsitt
AVENUE
DE
CORPUS CHRISTI
R. Lamennais
Rue
ARC
DE TRIOMPHE
R. Arsène
R.
Balzac
CHAMBRE DE COMMERCE ET D'INDUSTRIE DE PARIS
FREDERIKSKIRKEN
de
Chateaubriand
OCH
CHARLES DE GAULLE
Rue
Rue
Lord
Byron
Cité
R. de Traktir
HUGO
AVENUE
Presbourg
Rue
LIDO
Rue
Galerie Berri-Washington
de
OFFICE DU TOURISME
AIR FRANCE
V. d'Eylau
VICTOR
Rue du Dôme
Lauriston
La Pérouse
d'Orville
AV
Galilée
Bassano
R.
Galie des Champs
DES
CLIN. V. HUGO
Av. des Portugais
R. Newton
R.
Euler
AVENUE
Galie Carré d'Or
AVENUE
Vernet
Paul
CENTRE DE CONFÉRENCES INTERNATIONALES
R.
Pl. R. de Coudenhove-Kalergi
Vacquerie
ST GEORGE'S
AVENUE
de
Rue
Bauchart
Lincoln
Ville
RÉSERVOIRS DE PASSY
Valéry
KLÉBER
Dumont
Auguste
Pl. de l'Uruguay
Rue
R.
Jean
Képler
R C.
Magellan
Colomb
Pl. H. Dunant
Rue
R.
Rue
Rue
Rue
D'IÉNA
Pierre
C
Copernic
Rue
Galilée
Giraudoux
Quentin
R.
Imp. Kléber
R. de Belloy
Rue
R.
Rue
R. de Cerisoles
Marbeuf
Lauriston
R. Cimarosa
Rue
Sqre de Chaillot
Chaillot
MARCEAU
Pl. de Beyrouth
SERBIE
AMERICAN CATHEDRAL IN PARIS
Place des États Unis
Pl. Amiral de Grasse
R. G.
Rue
R.
DE
Imp. du Dr. J. Bertillon
Cl.
R. de la Renaissance
La
Trémo
LYCÉE ASSOMPTION
CLIN. BIZET
ST PIERRE DE CHAILLOT
R.
Léo Delibes
de l'Amiral d'Estaing
Hamelin
Lübeck
Rue R. de
PIERRE 1ER
Bizet
GEORGE V
R.
de
du
Rue
Chambiges
Boissière
V. Boissière
R. du Bouquet de Longchamp
D'IÉNA
Place Rochambeau
ST ÉTIENNE
Pl. P. Brisson
Boccador
MUSÉE GUIMET
R. de
R. Goethe
R. Léonce Reynaud
TH. DES CHAMPS-ÉLYSÉES
pge Commun
DROUOT-MONTAIGNE
AVENUE
V. de Longchamp
de
de
MUSÉE GUIMET
Longchamp
AVENUE
R. Brignole
PALAIS GALLIERA
Sqre Brignole Galliera
Galliera
Freycinet
CRAZY HORSE
AVE
Rue
Pl. de la Reine As
Pl. d'Iéna
PRÉSIDENT
Pl. de Tokyo
WILSON
Pl. de l'Alma
R. de Magdebourg
Rue
DU
R. de la Manut
PALAIS DE TOKYO
Rue Gaston
R. Debrousse
Frères Périer
Rue des
UNION DE L'EUROPE OCCIDENTALE
CONSEIL ÉCONOMIQUE
MUSEE D'ART MODERNE
Pon
Port